I0142440

# ELOGIOS PARA
# *MENTOREA COMO JESÚS*

Regi Campbell es un regalo para los líderes; especialmente aquellos que quieren hacer una diferencia real y dejar un legado duradero. Mentorea como Jesús está repleto de visión y ayudas prácticas para invertir tu vida en otros. Pero lo que lo hace tan diferente no es que sea apto para grupos pequeños, es que depende de los grupos pequeños. Es una estrategia de mentoría útil para cualquier ministerio de grupos pequeños.

**BILL WILLITS**
**DIRECTOR EJECUTIVO DE AMBIENTES DE MINISTERIO**
**NORTH POINT COMMUNITY CHURCH**

Regi Campbell es un hombre de Dios sabio y cuando habla, yo presto atención. Lo he visto tener un impacto increíble en muchos hombres jóvenes en Atlanta a través de su proceso de mentoreo; y finalmente ha puesto por escrito los principios que él utiliza y que fueron modelados según los propios métodos de Cristo. Este es el mejor libro de mentoreo que he leído y lo recomiendo mucho para todo el que tiene un sentir o un llamado para mentorear a otros; o para aquellos que quieren ser mentoreados.

**JOEL MANBY**
**DIRECTOR GENERAL**
**SEAWORLD PARKS & ENTERTAINMENT**

Lo que tienes en tus manos es un plan para el desarrollo de discipulado y liderazgo. Después de leer *Mentorea como Jesús*, Dios me enseñó a enfocarme en construir "personas grandes" en vez de una "iglesia grande". Durante los últimos años de mentorear como Jesús, nuestra iglesia ha crecido rápidamente; tanto espiritualmente como numéricamente. Como pastor principal puedo declarar: no hay un solo recurso que haya dado vida a nuestra iglesia y a mi alma más que el Mentoreo Radical.

**BRIAN MOORE**
**PASTOR PRINCIPAL**
**CROSSPOINTE CHURCH**

*Mentorea como Jesús* es lo mejor de Regi hasta ahora y es un poderoso recordatorio del llamado de Dios a vivir como un líder que discipula y da mucho fruto. Esto es lo mejor que he visto hasta ahora sobre cómo vivir la responsabilidad de hacer discípulos de Jesucristo de una manera intencional. Debes estar preparado para ser desafiado a devolver el favor a otros y ser motivado para entrar en el juego con el importante rol de líder de mentoreo.

**STEVE WOOD**
**PASTOR PRINCIPAL**
**MOUNT PISGAH UNITED METHODIST CHURCH**

El mentoreo era nuevo para mí hace un año y ahora estoy completamente convencido. Invertir en la próxima generación de líderes cristianos es el mejor uso de mi tiempo. Ellos están hambrientos para aprender de mis éxitos, mis fracasos y las lecciones que he aprendido. Mentoreo Radical me proporcionó las herramientas que necesitaba para ser un mentor eficaz desde el principio.

**CHARLIE PAPARELLI**
**PRESIDENTE**
**HIGH TECH MINISTRIES**

Nunca he oído hablar de un ministerio de mentoreo más significativo que el que practica Regi Campbell. Hay tantos jóvenes en nuestra iglesia que han sido los beneficiarios directos de alguien que busca ser un mentor como Jesús. Espero que este conocimiento de Regi desafíe a muchos – especialmente a aquellos en la Generación "Boomer" – a la gran oportunidad de ser mentores de la próxima generación.

BRYANT WRIGHT
PASTOR PRINCIPAL
JOHNSON FERRY BAPTIST CHURCH

Uno de los desafíos más grandes para los líderes jóvenes es su incapacidad de reconocer lo que no saben. El enfoque relacional de Regi para la mentoría entre generaciones resuelve esta brecha de ignorancia a través del trabajo práctico en la mentoría de vida.

GABE LYONS
FUNDADOR – "Q IDEAS"
AUTOR DE GOOD FAITH ("BUENA FE")

De la misma manera en que el ministerio de mentoreo de Jesús convirtió a pescadores "ordinarios" y a cobradores de impuestos en apóstoles, así también el ministerio de mentoreo de Regi Campbell ha convertido a hombres de negocio "ordinarios" en discípulos y evangelistas. He visto los resultados y tengo conocimiento de primera mano de personas que pasarán una eternidad con Jesús porque fueron alcanzados por los mentores desarrollados a través del programa descrito en *Mentorea como Jesús*.

PRICE HARDING
SOCIO FUNDADOR
CARTERBALDWIN EXECUTIVE SEARCH

# REGI CAMPBELL

### PRÓLOGO DE ANDY STANLEY
### EPÍLOGO DE KEVIN HARRIS

# MENTOREA
# COMO JESÚS

## SU ENFOQUE RADICAL PARA
## EDIFICAR LA IGLESIA

PRESS

**Mentorea como Jesús**
© 2022 Regi Campbell
Edición en español publicada por …
Traducción: Bethany Erin Nisly
Edición: Isaac L. Rodríguez
Dirección de Traducción y Edición: Duane R. Nislyv

Publicado originalmente en EE.UU. bajo el título:
Mentor Like Jesus: His Radical Approach for Building the Church

© 2009, 2016 Regi Campbell
Published by RM Press in association with the non-profit Radical Mentoring
1151 Hammond Drive NE, Suite 240, Atlanta, GA, 30346
El Equipo: Regi Campbell, Kevin Harris, Jackson Beetler
Diseño de portada: Jeff Gribble

Los sitios web recomendados en este libro son ofrecidos como un recurso.

ISBN 978-0-9916074-2-6
eISBN 978-0-9916074-3-3

Todos los derechos reservados. Excepto por breves extractos con fines de revisión, ninguna parte de este libro puede ser reproducida o utilizada de ninguna forma sin el consentimiento por escrito del editor.

Todas las citas Bíblicas, a menos que se indique lo contrario, están tomadas de la Nueva Versión Internacional (NVI). Copyright © 1999 por la Sociedad Bíblica Internacional. Todos los derechos reservados.

Otras citas Bíblicas son de la Reina-Valera 1960 (RVR1960). Copyright © 1960 por Sociedades Bíblicas en América Latina. 1988 por Sociedades Bíblicas Unidas.

# TABLA DE CONTENIDOS

# EXPRESIONES DE GRATITUD

No hay nadie que se compare cuando se trata de mi mayor inspiración y motivación. Miriam, eres el amor de mi vida. Tu apoyo desinteresado, al escribir este libro, ha sido fortalecedor como todo lo demás que has hecho por mí. ¡Eres la mejor!

Tengo que dar crédito a mis hijos, Ross y Erin. Si la sabiduría proviene de la experiencia y la experiencia proviene de los errores, entonces ustedes fueron víctimas de gran parte de mi aprendizaje. Gracias por aguantar y permanecer conmigo. ¡Estoy orgulloso de ustedes!

Y lo que es más importante, quiero reconocer a los "conejillos de indias" que me han enseñado lo que aprendí sobre la mentoría. Estos son los hombres que han sido vmis mentoreados. La mayoría han estado en uno de mis grupos, pero hay algunos con quienes me conecté mucho antes de que existieran los grupos de Mentoreo Radical. Gracias por invitarme a sus vidas y por ayudarme a aprender de qué se trata la mentoría.

| | | | |
|---|---|---|---|
| Brett Smith | Stephen Loftin | Ed Nolan | Matt Rawlins |
| Tim Oakley | Jonathan Phillipson | Andy Roberts | Michael Rubio |
| Cobb Quarles | Dayne Pryor | Jeff Scholen | David Sykora |
| Jimmy Patton | Clay Shapiro | Clay Scroggins | Bobby Walker |
| Eric Brewton | Neil Stamper | Justin Douglas | Kyle Cochran |
| Maury Davis | John Wichmann | Greg Mausz | Eric Corona |
| Scott Chatham | Chris Arias | Neil Moorea | Chad Fearnow |
| Chris Bentson | Thomas Casson | Matt Perry | John Field |
| Michael Burton | Todd Cordes | Chandler Powell | Alex Helman |
| Ross Campbell | J. D. Espana | Kevin Price | Scott Schmerge |
| Craig Chapin | Brady Holcomb | Brent Reid | Kurt Uhlir |
| David Clapp | George "GB" Pratt | Brandon Rickman | Ben Walker |
| Matt Grose | Rick Steele | Marcus Brackman | Roy Bacharach |
| Dan Guinaugh | Justin Zimmerman | Mark Butler | Jeff Jakubecy |
| Woody Long | Sean Fennelly | Kevin Floyd | Hagan Jordan |
| Pete Vekselman | Larry Hornsby | Jeff Hancock | Daniel Kosmala |
| Toby Anderson | Nathan May | Chad Kee | Brendan McMahon |
| Chet Burge | Scott McDonald | Eric Kenyon | Harrison Powell |
| Mark Childress | Brian Purcell | Brad Pugh | Griffin Smith |
| Kevin Harris | Steve Rollins | Corey Towe | Tim Walker |
| David Hoyt | Darren Starr | Ben Ackerman | Isdiro Alba |
| Pete Loescher | Andrew Wright | Craig Callaway | Les Boyett |
| David Pyle | Richard Chancy | Bill Chapman | Kyle Brown |
| Geoff Tanner | Marc Jackson | Tom Darrow | Eric Buchanan |
| Patrick Donovan | Jonathan Johnson | Tom Ewing | Brian Isbell |
| Adam Fuller | Steve Kemp | Patrick Golden | Jeff Malcolm |
| Chris Hornsby | Mike McGraw | Eric Gregory | Bob Stewart |
| Jake Sexton | Bryan Miles | Jeremie Kubicek | Jason Walker |
| Deepak Shenoy | Jay Overstreet | Ben Ortlip | |
| James Williamson | Doug Scott | Kip Dominy | |
| Chris Woodruff | Brad Belcher | Lance Dowling | |
| Jason Young | Mark Bowling | Chan Field | |
| Michael Breed | Sueng-Hwan Kang | Brian Hall | |
| J. D. Crowe | Dave Katz | Brian Prell | |

Gracias amigos. Ahora vayan y hagan lo mismo.

# PRÓLOGO

Hace unos quince años un hombre llamado Regi Campbell llegó a mi vida. Al igual que con muchos de mis amigos, primero nos conectamos a través de la iglesia. Regi es mayor que yo por varios años y ha tenido mucho éxito ayudando a empresas y ministerios a "iniciar". Descubrí que tenía mucha sabiduría. Entonces conforme pasaba el tiempo y nuestra amistad creció, descubrí que él era un mentor… un mentor natural.

En el año 2000, Regi escogió a ocho hombres jóvenes que él creía que tenían mucho potencial. Los invitó a su casa y les dijo que se reuniría con ellos por tres horas cada mes durante un año si ellos se comprometían a ir a todas las reuniones y llegar a tiempo. Él sería completamente abierto y transparente con ellos… diciéndoles todo acerca de sus éxitos y fracasos. Su vida personal… su vida de negocios… relaciones… sin restricciones. Compartiría con ellos los libros que había leído… les haría memorizar Escrituras que le habían ayudado a él en su caminar, … pero, todos tendrían que estar de acuerdo desde el inicio que, en algún momento en el futuro, cuando estuvieran listos, ellos "devolverían el favor" e invertirían en un grupo de hombres jóvenes al igual que Regi.

Viajemos ahora al año 2016 y Regi acaba de "graduar" a su grupo número quince y el primero a través de nuestra iglesia. Ya ha mentoreado a ciento veinte hombres de alto potencial que están comprometidos a mentorear de nuevo… y de nuevo.

Los resultados han sido enormes. Los "graduados" se han convertido en ancianos de la iglesia, líderes de grupos pequeños y donadores significativos. Sus esposas dicen que se han convertido en mejores esposos y padres. Unos cuantos hombres han entrado al grupo "confundidos" acerca de su fe y han salido sabiendo con certeza que son cristianos.

Regi ha destilado once prácticas que Jesús usó al mentorear a Sus discípulos en este libro que ahora tienes en tus manos. Mientras te adentras en *Mentorea como Jesús* te sorprenderá la sencillez del modelo de Jesús.

Como comparte Regi: "Mi meta es cinco generaciones de multiplicación. Si eso sucede, más de un millón de hombres estarán equipados para manejar mejor la vida".

*Mentorea como Jesús* no solo se trata de habilidades para la vida. Como estás a punto de descubrir, Regi Campbell es un devoto seguidor de Jesucristo. Su pasión por mentorear está impulsado por el deseo de enseñar a líderes "prometedores" cómo integrar su fe personal en todas las facetas de la vida, incluyendo los negocios.

Por esta razón, Regi ha encontrado apoyo para este enfoque único de mentoría en varias de las iglesias principales de Estados Unidos. Los líderes de las iglesias están adoptando con entusiasmo el modelo de Regi porque claramente es un medio más efectivo para equipar a los líderes de la próxima generación que algunos de los programas que hemos probado en el pasado.

Estoy seguro de que has visto una docena o más de planes de estudio diseñados para ayudar a las personas a mejorar en una variedad de aspectos. *Mentorea como Jesús* no es un currículo. No es un programa. Me siento tentado a llamarlo el comienzo de un movimiento. Sin embargo, Regi se apresuraría en señalar que en realidad es una extensión de un movimiento – un movimiento iniciado hace dos mil años cuando Jesús escogió a doce hombres, derramó Su vida en ellos y luego los envió a hacer lo mismo.

He tenido la oportunidad de observar a *Mentorea como Jesús* tomar forma con el tiempo. Lo que inició como una idea ahora se ha convertido en una estrategia de multiplicación, bien pensada y transferible. He visto los resultados de primera mano. Varios de los exalumnos de Regi trabajan o son voluntarios en nuestras iglesias. Sus vidas son prueba de la eficacia de este enfoque de mentoría y de los principios que Regi ha infundido en estos líderes jóvenes.

Me he apoyado en los consejos y recomendaciones de Regi Campbell durante diez años. A menudo me encuentro preguntándome: "¿Qué haría Regi?" Con la publicación de *Mentorea como Jesús,* tú también tienes la oportunidad de apoyarte en la sabiduría y los conocimientos de un hombre cuya fe es grande y cuyo compromiso con el ministerio personal es absolutamente contagioso.

Bien hecho, Regi.

—Andy Stanley

# EMPECEMOS

Cuando escribes un libro, se supone que debes empezar con algún cuento interesante… algún anzuelo que atrapará a los lectores y los mantendrá leyendo. Ese es el punto crucial. Yo sé que si no capto tu interés y atención ahora mismo, habré desperdiciado todo el tiempo y esfuerzo invertido para escribir este libro. Y aún peor, tú habrás perdido la oportunidad de tu vida, sin mencionar el dinero que gastaste y los árboles que habremos matado en el proceso (o la electricidad que habremos utilizado si eres de esas personas que prefieren las versiones digitales).

Para hacerlo aún más intenso, yo sé que tengo uno de los secretos más grandes del mundo para revelar. Sé algo que he aprendido a través de mi experiencia estos últimos quince años que podrían cambiar tu vida para siempre. He descubierto algo que puede ser la respuesta para algunas de las preguntas que hacen los 'baby boomers' y personas de mediana edad.

Créeme, millones de personas están buscando las respuestas a estas preguntas; preguntas como:

- ¿Qué debo hacer el resto de mi vida?
- Quiero hacer una diferencia, pero ¿Cómo?
- ¿Es comprometerme al ministerio vocacional la única manera de agradar a Dios?
- ¿Cómo puede mi vida contar para algo?
- ¿Cómo puedo conectar con Dios y con otros similares a mí?
- ¿Cómo puedo dejar un legado?
- ¿Cómo sabrán las futuras generaciones que yo estuve aquí?

Yo he tenido esas preguntas durante años. He leído libro tras libro, he estado en montones de retiros y seminarios y he tenido cientos de conversaciones con otros cristianos.

Como muy a menudo sucede, la respuesta vino de una manera que yo no esperaba. La respuesta vino desde el contexto de mi propia vida y experiencia. Y vino de la vida de Jesús.

Se llama mentoreo.

Invertir intencionalmente en la siguiente generación... para la gloria de Dios.

**Yo lo llamo Mentoreo Radical.**

He descubierto un proceso, un modelo de mentorear que le ha dado sentido a mi vida y ha tenido un profundo efecto en los individuos en quienes he invertido. No es difícil de hacer. Es natural y no es una carga. Y cambia vidas.

Esto es lo que realmente es maravilloso. Yo pensé haberlo inventado, pero en realidad Jesús lo hizo.

Mentoreo Radical simplemente es lo que Jesús hacía todo el tiempo.

Por solo un minuto pensemos en Jesús desde una perspectiva totalmente humana. Jesús es uno de los personajes más admirados en toda la historia de la humanidad. La mayoría de los norteamericanos admiran a Jesús, sea que crean que Él es el Hijo de Dios o no.

Casi nadie diría algo malo acerca de Jesús. Judíos, musulmanes, hindús, budistas. Todos tienen en alta estima a Jesús.

¿Por qué? Jesús no trajo alguna enseñanza revolucionaria al mundo. Fue judío. Apoyaba y amplificaba la ley judía. No creó alguna nueva conciencia superior ni empezó un movimiento sociopolítico. De niño vivió una vida mayormente normal y después se tornó en un personaje significativo tanto históricamente como religiosamente en los últimos tres años de Su vida.

Jesús es tan admirado que escritores han planteado hipótesis de cómo Él hubiera sido en diversos tipos de roles. Charles Sheldon escribió el clásico *In His Steps (En sus pasos)* en 1896. Ha vendido más de treinta millones de copias y aún se siguen imprimiendo más. En ese libro, el lector es guiado a visualizar lo que haría Jesús si se enfrentara con las situaciones cotidianas que nosotros enfrentamos hoy.

Hace un par de años, Laurie Beth Jones planteó la hipótesis de qué hubiera hecho Jesús como CEO. Otros han ofrecido su versión de cómo hubiera sido Jesús en el rol de un votante, político, profesor, artista, pastor, líder, esposo y amigo – todo ello buen material pero más o menos hipotético.

¡Pero indiscutiblemente Jesús fue un mentor! Jesús mentoreó a doce personas durante tres años. Eso está bien documentado… por cuatro diferentes autores, de los cuales dos eran testigos directos y el resultado de Su proceso de mentoreo.

Si hay algo que podemos aprender de Jesús, y hacer lo mismo en nuestras vidas, es mentorear. Tenemos un modelo documentado con resultados probados.

Por eso estoy escribiendo este libro, para compartir contigo lo que he aprendido acerca de mentorear como Jesús lo hizo.

¿Qué me hace un experto en el tema? Nada. No soy teólogo; soy empresario. Y existe más de lo que no sé acerca del mentoreo que de lo que sí sé. Pero casi por accidente, y en defensa propia, yo empecé a mentorear a individuos jóvenes hace más de treinta años. Déjame explicarte un poco más.

## UN TURISTA POR ACCIDENTE ACCIDENTAL

Era el año de 1983. Aunque relativamente nuevos en la fe, pero muy entusiastas, mi esposa y yo vimos una necesidad en nuestra nueva iglesia así que nos ofrecimos para llenar esa necesidad… a trabajar con adultos solteros. No existía un ministerio para los solteros… no había escuela dominical para solteros… nada enfocado en ellos. Así que pedimos la sala de alguien que vivía cerca de la iglesia y comenzamos un grupo para solteros. Creció rápidamente y al poco tiempo teníamos setenta personas solteras conectadas a nuestras vidas y familia.

Si tienes más de cuarenta y quieres repartir consejos, simplemente deja que todos los solteros de veintitantos años en tu iglesia sepan que estás disponible. Y entonces no te dejarán en paz, estarán buscando consejos de todo, desde cómo encontrar el trabajo correcto hasta cómo encontrar la compañera correcta, desde cómo encontrar la iglesia correcta hasta cómo encontrar el color de calcetines correcto. De todo.

Y así empecé a mentorear. Recibía llamadas todo el tiempo, y me dediqué por completo a ayudar a estas brillantes y energizantes personas (trabajé con los varones, por razones obvias) con cualquier cosa que fuera su P.D.D. (problema del día).

Una cosa era segura... yo estaba ocupado. También estaba exhausto. Estaba teniendo sesiones con varones en todas partes de Atlanta... desayunos, almuerzos y cenas. Estaba ofreciendo consejos así como Starbucks ofrece lattes. Estaba haciendo lo que mejor me parecía; estaba sirviendo al Señor al servir a estas personas y Dios honró mi esfuerzo trayendo un importante crecimiento espiritual a varias personas en diferentes lugares. Pero sobre todo estaba simplemente ocupado... extendiéndome por todas partes tratando de ser tantas cosas para ayudar al pueblo (soltero) de Dios.

Entonces escuché un conferencista (el autor Tim Elmore quien desde entonces se ha convertido en un buen amigo) hacer esta declaración:

**Más tiempo con menos personas equivale un mayor impacto en el reino.**

Wow.

¿Te refieres a que no es necesario que extienda mi energía e influencia a cada una de las personas solteras que quiera invitarme a tomar un café?

¿Te refieres a que Dios tal vez en realidad sería más honrado al invertir mi tiempo con menos personas?

Eso ni siquiera parecía alinearse a la mentalidad norteamericana. ¿Menos y no más?

Sin embargo, comencé a explorar esta idea nueva.

Menos personas... más tiempo... un impacto mayor en el reino.

Un grupo pequeño... eso es. Reuniré un grupo pequeño de varones, tendré tiempo de calidad con ellos, y eso tendrá un impacto mayor en el reino a diferencia de mi enfoque caótico. Antes de que te rías, recuerda que esto era el año 2000, antes de que los grupos pequeños se hicieran tan comunes y populares como lo son el día de hoy.

Algunos de los varones en quienes había invertido muchísimo, habían comenzado a referirse a mi como su mentor entonces naturalmente comencé a referirme a ellos como mi "grupo de mentoreo". Como fui criado Bautista y sabía que cualquier grupo de personas que se reunía tenía que tener un currículo, emprendí la búsqueda para encontrar uno para mi aún-no-formado grupo de mentoreo.

Aquí es donde se pone interesante.

Todo currículo que miré tenía aspecto de escuela dominical (¡Mi intención no es ser irrespetuoso!). Quería compartir mi vida con estos hombres... enseñarles desde mi propia experiencia... compartirles las jugadas de mi libro de jugadas personales, para usar una analogía del fútbol americano. Pero toda guía que revisé parecía estandarizada, rígida y pre-programada.

Esas son palabras que nunca nadie había usado para describirme a mí como persona, entonces ¿Cómo sería posible que yo estuviera apasionado por hacer las cosas de esa forma? ¿Esto se convertirá en otra clase de escuela dominical en donde todos se sientan en filas, buscan respuestas, llenan los espacios en blanco y luego salen igual que como llegaron?

Entonces tomé una decisión.

Yo inventaré un proceso. Será únicamente mío. Compartiré lo que he aprendido de la Biblia, acerca de Dios, acerca de los negocios, acerca de la familia... acerca de la vida. Escogeré algunos varones jóvenes en quienes veo potencial, los invitaré a que participen y veremos qué sucede.

Y así empezó Mentoreo Radical.

Aunque no lo sabía en ese momento, el proceso que inventé armoniza increíblemente con la manera en que Jesús guio a Sus discípulos.

Cada año he ajustado el proceso un poco, haciendo pequeños cambios y puliendo donde hacía falta. Pero en general, el proceso de Mentoreo Radical que te voy a contar en las páginas a continuación es el mismo que descubrí en el 2000. He visto resultados increíbles (supongo que la mayoría de los cristianos lo llaman "fruto") y he ayudado a muchos hombres e iglesias a comenzar sus propios grupos de mentoreo. Pero no fue sino hasta el 2009, que descubrí las similitudes entre el proceso que desarrollé y el proceso que utilizó Jesús.

Estos son los ingredientes esenciales de Mentoreo Radical. Te darás cuenta rápidamente que son exactamente los mismos que utilizó Jesús.

Es **a propósito.** Todo está enfocado en el Padre y en construir el Reino. Jesús tuvo una misión y el mentoreo fue la estrategia clave para cumplir con Su misión.

Es un emprendimiento **desinteresado.** Jesús mentoreó en obediencia al Padre. No recibió ningún beneficio personal por ello. Simplemente respondió al llamado de Dios en Su vida e hizo lo que el Padre le guio a hacer.

Comienza en un contexto de un **grupo,** no uno a uno. Jesús conocía el valor de la interacción entre los miembros de un grupo. El grupo se torna en una comunidad, inextricable el uno del otro. Jesús también aceptó y aún promovió el "grupo dentro del grupo" que invariablemente se llega a desarrollar. Él tuvo favoritos, y Él no lo escondió ni se disculpó por ello. Sí, hubo interacciones poderosas uno a uno, pero todo comenzó en el contexto de un grupo.

Después de orar, Jesús **escogió cuidadosamente** aquellos a quienes iba a mentorear. El grupo consistía de laicos, no de "gente de iglesia"... muy diversos... cualquier cosa menos un club de santos. La relación de mentor-mentoreados fue reconocida. No era un grupo de igual-a-igual; era una estructura de mentor-mentoreados... así de directo y sin disculpas.

Fue por un **periodo de tiempo corto y definido.** El programa de mentoreo de Jesús comenzó en punto y terminó en punto. Hubo un día de graduación en la que sus mentoreados fueron comisionados y lanzados.

En el núcleo de las enseñanzas de Jesús estaban las **Escrituras.** Jesús y Sus mentoreados conocían las Escrituras de memoria. La Palabra guiaba las decisiones que tomaban. Jesús ayudaba a Sus discípulos a entender y aplicar la Palabra de Dios.

La **oración** fue una parte esencial, tanto pública como privada... Jesús modeló una vida de oración; Enseñó a sus discípulos cómo orar y oró con ellos y por ellos.

Jesús **modeló** Su fe de una manera muy transparente. Jesús vivió Su vida delante de Sus mentoreados. Ellos se volvieron como familia para Él. Vieron cómo Él puso en práctica Su fe, cómo Él luchó, cómo Él manejó el estrés, y cómo manejó Su muerte.

Jesús **enseñó a lo largo del camino** de la vida. Era muy práctico y al mismo tiempo espiritual. Jesús ayudó a Sus discípulos con situaciones prácticas... con todo, desde impuestos hasta cuestiones en el trabajo, desde ponerse metas a relaciones familiares. Él era mucho más práctico que hipotético. De seguro hablaron sobre la ley, pero Jesús enseñó de Su conocimiento y experiencia.

Había un **compromiso mutuo,** y era un compromiso enorme. Ellos dejaron sus negocios, familias, hogares... todo para seguirle y aprender. Jesús nunca se rindió con ellos, aún cuando le fallaron y huyeron. Y por último, ellos nunca renunciaron a Él, sino que dieron sus vidas, no por Su memoria, ni por Sus enseñanzas, sino por Su Reino.

Tenía un elemento requerido de **multiplicación.** Producía evangelistas y hacedores de discípulos. La multiplicación fue una parte para la que todos se inscribieron y nadie estaba exento de ese requisito.

En conjunto, estos elementos produjeron un grupo de seguidores de Cristo comprometidos. Esos hombres realmente lo captaron. Crearon sus propios grupos de mentoreados y esos mentoreados crearon más grupos. (En algún momento de la historia empezaron a llamarlos iglesias.) ¿El resultado? El movimiento más grande de todos los tiempos. Gracias a este primer grupo de mentoreo, millones y millones de personas se convirtieron en seguidores de Jesucristo. La institución de la Iglesia fue creada. Las instituciones del cuidado de la salud, la educación y de servicio social que llevan el nombre de Cristo, pueden rastrear sus orígenes hasta este primer grupo de mentoreo dirigido por Jesús.

En estas páginas tomaremos cada uno de estos once ingredientes y exploraremos qué hizo Jesús y cómo podemos emularlo el día de hoy. Al haber dirigido grupos utilizando este método durante los últimos quince años, yo haré que los principios cobren vida con historias y ejemplos de qué hacer y qué no hacer.

Si estás sosteniendo este libro en tu mano o leyendo de forma digital y estás interesado en la idea de mentorear, entonces probablemente estás en una de estas cinco categorías.

**Categoría 1.** Tú aprecias el mentoreo y te gustaría realizarlo si tan solo supieras cómo hacerlo. Entiendes el valor de ser mentoreado. Tal vez incluso tuviste un mentor... pero llamarte a ti mismo un mentor está más allá de lo que puedes visualizar. Incluso si pudieras visualizarlo, no te sientes cómodo en cuanto a quién, qué, cuándo, dónde o cómo mentorear un grupo. Te vamos a dar un plan y una pista sobre el cual correr.

**Categoría 2.** Tú quieres un mentor, pero no has podido encontrar uno. Has visto a otras personas que tienen mentores increíbles quienes han enriquecido tanto sus vidas. Pero aún así te preguntas: ¿Cómo es posible que eso suceda? ¿Dónde lograría encontrar a un mentor como ese? Vamos a compartir unos pasos prácticos para encontrar un mentor y comenzar este tipo de relación.

**Categoría 3.** Has oído el término, pero nunca has tomado mucho tiempo para pensar sobre el mentoreo. La idea de tener un mentor es un poco intrigante para ti, pero definitivamente no se siente como una necesidad. Y la idea de ser un mentor para otra persona es una idea completamente nueva para ti. Continúa leyendo con una mente abierta. Esto es lo que Jesús hizo, y si quieres ser un seguidor de Jesús, tienes que ir a donde Él vaya y hacer lo que Él hace. Entonces déjame exponerte mi plan y mira hacia donde te lleva.

**Categoría 4.** Eres un pastor y estás ansioso por mejorar el sistema de formar hacedores de discípulos en tu iglesia. Tal vez has oído de algunas de las iglesias más influyentes en Estados Unidos que han implementado la idea de usar el mentoreo en grupos pequeños para desarrollar líderes laicos. No estás tan convencido, pero tienes curiosidad. Te gustaría saber de qué se trata todo esto y cómo podría ser adaptado a tu iglesia.

**Categoría 5.** Eres alguien que sencillamente tiene curiosidad acerca de Jesús... qué hizo, cómo era, cómo interactuó con las personas. Este libro te dará una idea de Jesús como un mentor. Lo verás en acción mientras enseñaba, amaba, desafiaba, perdonaba y alentaba a Sus discípulos. Esta es la primera vez (de que estoy consciente) que se analiza a Jesús a través de los lentes de un mentor moderno.

La motivación principal de este libro es inspirarte a convertirte en un Mentor Radical y a usar tu posición e influencia para implementar en tu iglesia el mentoreo para grupos pequeños de hombres.

"Pero, ¿Por qué? ¿Por qué debería yo hacer eso?"

Te daré siete razones.

**Razón 1. Jesús lo hizo y te dijo que tú también lo hicieras.**
Hemos visualizado a Jesús como CEO, a Jesús como un ambientalista, y aún hemos pensado en cómo hubiera sido Jesús en la política. Pero en realidad... en la historia... sin importar tus creencias religiosas, Jesús fue un mentor. Sus mentoreados llegaron a estar completamente comprometidos con Su misión, trabajaron juntos como un equipo efectivo y gracias a sus esfuerzos, alrededor de una tercera parte de la población mundial cree en lo que ellos enseñaron. De once personas a dos mil millones de personas... Jesús fue un mentor bastante bueno.

Y Sus instrucciones finales a nosotros antes de que regresara a Su puesto en el cielo junto al Padre fue, ¿Qué? "Vayan y hagan discípulos" (Mateo 28:19). Él nos está diciendo: "Vayan y hagan lo que yo hice. ¡Vayan y encuentren a varias personas que están un poco más atrás que ustedes en el camino, ayúdales a tomar sus siguientes pasos, tal como Yo lo hice con mis discípulos!" Su llamado es universal. Trasciende el género. Definitivamente trasciende vocaciones ya que ninguno de los mentoreados de Jesús eran personas de iglesia (ni Él mismo lo fue).

A través de este libro estaremos mirando cómo Él hizo lo que hizo y logró el éxito que logró. Miraremos las prácticas que Jesús usó para mentorear a Sus discípulos. ¿Habrá un mejor lugar donde buscar las mejores prácticas que en Jesús? Y esas prácticas están ahí... visibles... justo ahí en las Escrituras... para que todos puedan verlas y aplicarlas.

**Razón 2. Encontrarás significado y plenitud.** Pasamos horas, días y años de nuestras vidas en el trabajo, frecuentemente ejerciendo sin pensar nuestras habilidades y experiencias con el fin de realizar un buen trabajo y ganar un sueldo. Acumulamos cosas, experimentamos lugares y eventos, armamos álbumes de fotos de los lugares donde hemos visitado y las personas con quienes hemos compartido. Sin embargo, dentro de los treinta segundos de nuestro último aliento, esas memorias se habrán esfumado, tal como un documento no guardado en la pantalla de nuestra computadora cuando la energía se corta.

Un amigo me contaba que estaba revisando las cosas de sus padres después de que ambos habían fallecido. Fotos de lugares en la Tierra Santa, fotos de Italia y Grecia, fotos de Inglaterra y Francia... todas ellas terminaron en una bolsa de basura y destruidas. ¿Por qué? Porque esas fotos eran relevantes solo para la persona que las tomó, y cuando él o ella pasó a la siguiente etapa de su existencia, las fotos se volvieron irrelevantes y, por ende, inútiles. Las memorias son iguales; solo son significativas para la persona que experimentó aquello que las creó. Y cuando la energía se desenchufa del cerebro de esa persona, todas ellas desaparecen.

En la opulencia de la cultura occidental, ocupamos la mayoría de nuestro tiempo y dinero en hacer memorias para nosotros mismos y nuestros seres amados. Y a medida que lo hacemos, somos arrastrados más y más lejos de tener sentido en nuestras vidas.

El perseguir significado en nuestras vidas no excluye que tendremos buenas memorias, pero el significado importa de una manera más profunda y duradera. El significado dice que la actividad en la que estás involucrado es de mucha importancia. El significado dice que realmente importa en un nivel profundo. El significado dice que las consecuencias de una actividad afectarán a las personas involucradas a largo plazo. El significado dice que hay un efecto multiplicador, que las generaciones futuras serán beneficiadas por aquello que tiene significado.

Ser mentor de un grupo de personas más jóvenes le da sentido a la vida. El saber que les has mostrado algo a otros que les ayudará a evitar una gran equivocación, lo cual significa que ellos al igual que los más cercanos a ellos podrán evitar las consecuencias dolorosas de esa equivocación... eso es significativo. El ver a una persona más joven decidir volverse un líder voluntario con Young Life (Vida Juvenil) en vez de convertirse en el campeón semanal del juego de preguntas en el bar local... eso es significativo. El observar a uno de tus mentoreados convertirse en un líder de influencia en su iglesia... eso es significativo. El observar a un mentoreado guiar a su familia a través de una crisis familiar difícil de una manera piadosa... eso es significativo.

**Razón 3. Te afilará y te mantendrá afilado.** Mentorear intencionalmente a un grupo de personas más jóvenes es también una gran oportunidad para que el mentor aprenda y para refrescar el conocimiento que ya posee. Como dice el dicho: "Enseñamos lo que más necesitamos aprender". Mientras vas por el proceso de revisar lo que has aprendido, descubrirás nuevamente cosas que habías pasado por alto o habías olvidado... habilidades que son parte importante de tu competencia inconsciente pero que han estado guardadas en el librero durante años. ¿Qué de esa conferencia a la que asististe sobre habilidades para escuchar? Cuando desempolvas el contenido y comienzas a escoger las mejores partes para compartir con tu grupo, y encontrarás que estás practicando nuevamente mejores habilidades para escuchar. Mientras compartes los principios que has aprendido con tus mentoreados, tú mismo aprendes nuevamente.

También encontrarás que estas personas jóvenes saben algunas cosas que pueden compartir contigo y con el grupo también... Es un proceso simbiótico que sopla vida nueva en el mentor mientras compartes lo que conoces y al mismo tiempo se expande tu base de conocimiento.

**Razón 4. Serás más agradecido.** Ser mentor de un grupo pequeño de personas más jóvenes solo tendrá éxito si se hace con un desbordar de gratitud desde un corazón agradecido. Muchos cristianos oirán un sermón o leerán un libro y serán motivados por el deseo de "ser buenos" o de hacer algo bueno. Otros quizá se sentirán culpables por sus vidas pasadas y dirán: "Sabes, le debo tanto a Dios, quiero recompensarlo". Otros probablemente serán motivados por el orgullo. Es emocionante tener a un grupo de personas diciendo que quieren pasar tiempo contigo durante un año solo para aprender de ti.

*La única motivación constante y duradera para que como cristianos sirvamos a otros desinteresadamente es la gratitud por lo que Dios ha hecho por nosotros.* Este sentimiento de gratitud profunda surge de una de tres fuentes. En la mayoría de los casos encontrarás que estos "dadores" (en la mayoría de casos los mentores serán dadores) han experimentado un cambio significativo en sus vidas. Fueron pecadores excesivos, y Cristo les guio a hacer un giro completo de 180 grados en sus vidas. Estas personas saben cómo eran sus vidas sin Él, y ahora han experimentado un estilo de vida diferente, uno que tiene significado y es bastante libre del pecado intencional. Un sentimiento profundo de gratitud nace por el rescate de sus vidas.

Un segundo grupo de dadores basan su gratitud en algún evento o crisis en su vida, donde Dios intervino y los salvó a ellos mismos o a sus seres queridos de una catástrofe. Su motivación es pura... no tratan de devolverle algo a Dios; ellos están profundamente agradecidos por Su misericordia. A menudo sienten que Dios los preservó por una razón. Ese sentimiento de estar vivos por algún propósito del reino provee una fuente duradera de motivación, y el convertirse en un Mentor Radical podría ser parte del porqué fueron protegidos y preservados para vivir otra temporada.

Un tercer grupo de dadores muy motivados no han tenido una experiencia cercana a la muerte, ni han sido rescatados de una vida de profundo pecado. Parece que de pronto captaron el significado de la cruz y del amor que Dios les tiene. Respondiendo al llamado amoroso de Dios en sus vidas, ellos aman, sirven, dan... sencillamente lo han entendido de algún modo. Estas personas son mentores grandiosos porque han conocido a Dios por mucho tiempo. Son seguidores firmes y fieles y pueden contar confiadamente su historia de vida a sus mentoreados. En estos días solemos pasar por alto los testimonios de las personas buenas que han sido fieles desde una edad temprana. Pensamos que es más convincente resaltar el arrepentimiento dramático del ex drogadicto, adúltero, o borracho porque demuestra el poder de Dios de manera más dramática. Sin embargo, el poder de Dios también se exhibe poderosamente cuando las personas crecen en hogares cristianos, son protegidos de la rebeldía, vienen calladamente al Padre como creyentes nuevos, y toman sus lugares en sus familias e iglesias. Piensa en cuán raro es eso en estos días. ¿No crees que Dios tiene un plan para aprovechar su experiencia? ¿No te gustaría que tu hijo sea mentoreado por alguien así?

Mientras yo me convertía en un mentor intencional a través de mis grupos de Mentoreo Radical, me convertí en una persona más agradecida. Fui capaz de agradecerle a Dios por permitirme cometer esas equivocaciones dolorosas porque ahora otros podrían beneficiarse de ellos. Yo pagué el precio por mi torpeza. Pero ahora estoy agradecido cuando Dios utiliza mis errores como lecciones de la vida para otros, dándoles a ellos la oportunidad de evitar los mismos errores. ¿Quién se hubiera imaginado que estaría agradecido por mis equivocaciones?

El otro día mientras oraba, me escuché decir: "Señor, muchas gracias por darme una vida tan buena. Estoy eternamente agradecido que los pecados de mi juventud han sido perdonados y que has usado el dolor y el aprendizaje causado por ellos para animar y equipar a mis hermanos más jóvenes. Gracias por usarme para ayudarles a evitar esos errores y las consecuencias correspondientes".

**Razón 5. Tendrás un legado viviente y real.** Hace años leí acerca de una escuela de negocios que ofrecía ser nombrada en honor a cualquier donante que diera un millón y medio de dólares. Otra escuela adoptó el nombre de un donante rico, solo para tener que retirar el nombre después de que el donante dejó de ser rico.

En una encuesta a personas de noventa y más, se les hizo esta pregunta: "¿Cuáles son tres cosas que te hubiera gustado hacer y no hiciste?"

Las respuestas eran un tanto sorprendentes... pero no tanto realmente.

"Tomar más riesgos". Esa fue una sorpresa.

"Reflexionar más". De nuevo, un poco inesperado.

"Enfocarme más en las cosas que perdurarán más allá de mi vida".

*Legado.* Todos queremos dejar un legado. La palabra legado recibe mucho énfasis en estos días. Yo creo que es porque los baby boomers, aquellos que nacieron entre 1946 y 1964, están empezando a desacelerar, jubilarse y reflexionar. Se están haciendo preguntas: "¿Cómo he invertido mi vida?" y, "De aquí a diez años, ¿Cómo alguien sabrá que yo estuve aquí?"

Es por eso que tener un edificio nombrado en tu honor alivia un poco la comezón. Eso dice: "Fui alguien. Hice algo que tuvo importancia". Yo compararía mi legado con quien sea (excluyendo a Billy Graham y Bill Bright por supuesto). Esta es la razón:

En los últimos quince años, intencionalmente he mentoreado a ciento veinte varones. Muchos me informan que tienen un caminar más profundo y significativo con Jesús del que tuvieron antes de su experiencia de Mentoreo Radical. Son discípulos... aprendices y seguidores de Jesús. Según mi conocimiento, ninguno se ha alejado de Dios. Casi todos ellos aún permanecen casados. Todos están involucrados en una iglesia. Todos están intentando criar a sus hijos en la fe. Y por lo que puedo ver, todos están, de diversas maneras, caminando con Dios.

Todos estos mentoreados han firmado un pacto diciendo que serán mentores de al menos un grupo en el futuro (algunos ya han comenzado). La mayoría mentorearán muchos grupos, pero supongamos que solo hacen lo mínimo. Y supongamos que sus mentoreados firman un pacto similar y mentorean a ocho varones antes de fallecer.

Si ese proceso continúa por solo cinco generaciones más, habrían más de un millón de seguidores de Cristo impactados simplemente porque Dios me usó a mi para dirigir grupos de mentoreo. Increíble, ¿no?

Yo quería que el título de este libro fuera "Cómo Tener un Funeral Grande" porque si tan solo un 10 por ciento de estas cinco generaciones de mentoreados llegaran a mi funeral, sería una de las más grandes de la historia. Pero después leí lo que Louis Grizzard, un autor y columnista para el Atlanta Journal Constitution, dijo: "El determinante principal del tamaño del funeral de un hombre es el clima en ese día". Así que dejé ir esa idea.

Pero con toda seriedad, Dios me ha bendecido con un legado increíble.

Y el mismísimo legado está esperando para ti. Todo lo que tienes que hacer es convertirte en un Mentor Radical y permitir que Dios empiece a usarte para ayudar a seguidores de Cristo más jóvenes a tomar el siguiente paso, compartir con ellos "un pedazo de tu mapa"... permitir que Dios te use como "hierro" para "afilar hierro" (Proverbios 27:17).

En las páginas a continuación, te voy a enseñar cómo. Y lo realmente maravilloso es que simplemente te voy a enseñar lo que Jesús hizo. Es así de sencillo.

**Razón 6. Tú amas a tu iglesia.** Yo he sido parte de North

Point Community Church desde su primera reunión. He visto a la iglesia crecer hasta ser una de las más grandes y de mayor influencia en Norteamérica. Conforme han pasado los años, me ha preocupado más y más ver que no hemos tenido un sistema muy efectivo para crear hacedores de discípulos. Uno de nuestros valores fundamentales, hacer aprendices, era algo sobre lo cual todos hablaban, pero nadie tenía un plan eficaz para lograrlo. Durante los últimos 18 meses, he visto el comienzo de un movimiento al ver a mentores y mentoreados estar "completamente vivos" en Cristo. Me gustaría desesperadamente que este movimiento suceda en tu iglesia y posiblemente seas tú quien ayude a comenzarlo.

**Razón 7. No desperdiciarás tu vida.** He tenido varios momentos de revelación en mi vida, pero una de las más importantes fue cuando escuché a un predicador hacer esta pregunta:

**"Si tu vida fuera un dólar, ¿Cómo lo estás gastando?"**

Esa pregunta crea un enfoque preciso.

- ¿Qué estoy haciendo con mi vida?
- ¿Soy más que sólo otro "eslabón en la cadena"
- ¿Dios me puso aquí solo para ir a la iglesia y luego morir e ir al cielo?

John Piper, en su libro *No desperdicies tu vida*, da esta perspectiva:

> Te diré lo que es una tragedia. Te mostraré cómo desperdiciar tu vida. Piensa en esta historia publicada en la revista *Selecciones*, en febrero de 1998, que habla de una pareja que "se retiró antes de tiempo dejando sus empleos en el nordeste del país cuando él tenía

cincuenta y nueve años, y ella, cincuenta y uno. Ahora viven en Punta Gorda, Florida, donde viajan en su yate de diez metros de eslora, juegan al *softball* y recolectan caracoles en la playa". Al principio pensé que se trataba de una broma. Un chiste en torno al sueño estadounidense. Pero no lo era. Trágicamente, el sueño era el siguiente: llegar al final de su vida, su única y preciosa vida dada por Dios, y hacer que su última gran obra antes de rendir cuentas a Cristo fuera jugar al *softball* y juntar caracoles en la playa. Imagínatelos ante Cristo el gran día del juicio: "Mira, Señor. Mira los caracoles que juntamos". *Esa* es la tragedia. Y hoy hay quienes gastan miles de millones de dólares para convencernos de que vayamos tras ese trágico sueño. Frente a esto, alzo mi protesta: No compres ese sueño. No desperdicies tu vida.[1]

Conforme envejecemos, nuestros hijos crecen y nos necesitan cada vez menos y menos, y mientras progresamos en nuestras carreras y viene el éxito financiero, es increíblemente tentador tan solo disfrutar de la vida. El sitio al lado del lago nos llama, las vacaciones se tornan más largas y exóticas, y el enfoque en nuestras vidas se vuelve cada vez más egoísta. Es por ello que tantas voces en la comunidad cristiana están hablando sobre "terminar bien", sobre resistir la tentación de dejar de conectarse con otros y permanecer en el juego.

Yo no creo que a Dios le va a importar solamente como le serviste cuando eras joven. Mi Biblia no dice: "Haz discípulos hasta que hayas reunido unos cuantos billetes" o "hasta que te jubiles y te mudes a las montañas". Dice que hagamos discípulos y yo creo que al menos una parte de la razón del porqué Dios da a algunos dinero, tiempo libre y sabiduría es para que puedan invertir en otros que vienen después de ellos. Puedo ver como Dios sonríe mucho más por esa inversión de lo que sonríe por una desventaja de +4 en el golf.

El mentorear intencionalmente a personas más jóvenes en el contexto de un grupo ha sido una de las cosas más satisfactorias que jamás haya hecho. Y aquellas personas a quienes he inspirado a seguir mi ejemplo dicen la misma cosa. "Haré esto por el resto de mi vida", es algo que a menudo escucho.

Así que no desperdicies tu vida. Haz lo que hizo Jesús. Escoge a algunas personas con menos experiencia y mentoréalos. En estas páginas te enseñaré cómo hacerlo. Voy a desempacar un modelo de mentoreo y te mostraré cómo es el modelo que Jesús usó con Sus discípulos.

Si tengo éxito, te inspiraré a convertirte en un Mentor Radical o a llevar esta idea a tu iglesia. No hay límite de edad ni costo de admisión. Solamente una disposición para compartir. Encontrarás a los mejores amigos que hayas tenido, te sentirás útil y realizado, y serás bendecido en maneras que solo tu Padre Celestial lo podrá hacer.

Ven.

Sigue leyendo.

# CAPÍTULO UNO

## MENTOREAR CON PROPÓSITO

E n su libro *Apple Confidential (Confidencial de Apple)*, Owen W. Linzmayer cuenta la interacción entre John Sculley y Steve Jobs, el fundador de Apple. Sculley, quien era entonces el legendario CEO de Pepsi-Cola, describe cómo él repetidamente rechazó las propuestas convincentes de Jobs de venir a liderar Apple. Hasta que un día Jobs dijo algo que sacudió el mundo de Sculley:

> "¿Quieres pasar el resto de tu vida vendiendo agua azucarada o quieres una oportunidad para cambiar el mundo?"[2]

Ese fue el momento decisivo. Sculley cambió de parecer, renunció a uno de los puestos de CEO más lucrativos y de alto perfil en

Norteamérica, y se mudó a California para unirse al equipo de esta pequeña empresa de computadoras con una visión.

Así que, te hago la misma pregunta: "¿Quieres cambiar el mundo?" Jesús quería hacerlo.

Jesús nos dijo su propósito. El apóstol Juan, Su mejor amigo aquí en la Tierra, anotó las palabras que Jesús dijo: "Yo he venido para que tengan vida, y la tengan en abundancia" (Juan 10:10).

¿A qué se refería con "vida" y con "la tengan en abundancia"?

Jesús nos dio vida al rescatarnos de la muerte. Claro, eso suena muy vago y metafórico, sin embargo no lo es. Es real y un hecho consumado. Nosotros hubiéramos muerto, y eso hubiera sido todo. Fin del juego. No hubiéramos tenido esperanza más allá de la tumba.

Pero ya que Jesús cumplió con Su propósito de vida, nosotros sabemos que aunque los hombres mueran, aún vivirán. Jesús lo hizo. Él murió una innegable muerte pública y luego, milagrosa y sobrenaturalmente, volvió a la vida, apareciéndose a Sus mentoreados y a otras quinientas personas. Si Él hizo eso, yo me apunto para cualquier cosa que Él diga que yo necesito hacer para que yo pueda hacer lo mismo. Eso no es todo a lo que Él se refería con que tengan "vida", pero es una parte grande de ella.

Pero aún más, Él quería demostrarnos la clase de vida que Dios quiso que tuviéramos. Una vida llena de significado y asombro... una vida con propósito.

## VIVIR GUIADOS POR UN PROPÓSITO

Hace años, escuché a un orador abordar una pregunta acerca de la longevidad. Dijo que cada ser humano necesita levantarse todos los días con algo que hacer – algún deber, tarea, vocación, algún propósito – una razón de ser.

Cuando pienso en la vida que Jesús vivió, la vida que Él modeló para mí, veo a alguien que amaba y servía a las personas. Fue muy intencional al respecto. Y cuando trato de entender la última parte de su declaración de propósito... "y la tengan en abundancia"... creo que ahora entiendo lo que Él quiso decir.

Como cristianos, cuando aceptamos la oferta del Padre de salvación a través de Jesús, recibimos vida... vida eterna. Recibimos una vida de paz mientras culminamos nuestros días aquí en la Tierra.

Pero si deseamos la segunda parte, "y tengan [vida] en abundancia", tenemos que avanzar más allá de nuestro regalo de salvación. Tenemos que desear más. Involucrarnos en la causa que Jesús empezó... la causa de la redención. Tenemos que enfocarnos en los demás. Comenzar a pensar más allá de nuestro pequeño universo y preguntarle a Dios: "¿Cómo puedo ayudar? ¿Qué quieres que yo haga? Sé que mi propósito es glorificarte a Ti, pero ¿Cómo quieres que haga eso? ¡Ayúdame a encontrar mi propósito único y personal en Tu reino!"

Hoy en día, la *"palabra p"* está en todas partes. Desde que Rick Warren escribió *Una Vida con Propósito* y vendió un sinnúmero de ejemplares, todos quieren hablar sobre el propósito, porque realmente es importante. Y cuando hablamos sobre algo tan vago como el mentoreo, el propósito se vuelve aún más importante. Entonces seamos claros en cuanto a la terminología.

La misión o la meta se trata del *qué*. Se puede medir y es finito. Si mi misión es llegar a ser un contador público certificado entonces sé *qué* debo hacer y sabré *cuándo* terminó la misión.

Las estrategias y tácticas se tratan del *cómo*. Cuando elaboramos una estrategia, pensamos en cómo usaremos nuestro tiempo, talento y tesoro para finalizar la misión. Mi estrategia para llegar a ser un contador público certificado puede incluir hacer una pasantía, regresar a la universidad, trabajar para una empresa de contabilidad por un año, pasarme las noches estudiando arduamente y después de cinco años presentar el examen para contador público.

Pero el propósito se trata del *porqué*. Realmente no se puede medir. Es comprensible pero vago a la vez. El mantra de Warren es que todos fuimos creados para un propósito específico... para glorificar a Dios. Y tiene razón. Dios creó todo para Su gloria. Nosotros somos Su más alta y grandiosa creación, formados a Su imagen.

Dios nos creó porque quería una familia, y envió a Jesús para que se convirtiera en Su "agencia de adopción" para nosotros. El papeleo ya está completo… las tarifas ya están pagadas. Todo lo que tenemos que hacer para completar el proceso de adopción es creer.

Una vez que somos adoptados, somos Su familia irrevocablemente. No podemos deshacer la adopción, al igual que un niño adoptado en Norteamérica no puede dejar de ser adoptado. Es un estado que no cambia por el mal comportamiento o por cualquier otra cosa. Es permanente.

Ahora que somos hijos de Dios, ¿Qué haremos con nuestras vidas para que nuestro Padre celestial esté orgulloso de nosotros? ¿Qué hará que Él esté feliz de habernos adoptado?

Nos volvemos como Él. Nos volvemos como nuestro Padre amoroso, amable, sabio y disciplinado. Para revelarse de una forma más cercana a la humanidad, nuestro Dios tomó la forma de ser humano, enviando a Jesús como Su *personificación*... para ser uno de nosotros, vivir entre nosotros por un tiempo y modelar cómo Él quiere que nosotros *seamos*.

El mentorear no se trata de *conocer* algo, eso es educación. El mentorear no se trata de aprender a *hacer* algo, eso es entrenamiento.

El mentorear se trata de enseñar a alguien como *ser algo*. Se trata de *convertirse* en un aprendiz y seguidor de Jesucristo porque eso es lo que al Padre más le satisface y deleita. También es lo que hace más famoso a Jesús ya que millones de nosotros estamos andando alrededor del mundo imitando a Jesús. Y como alguien dijo, tú solo sabes que eres un seguidor de Jesús cuando has ayudado a otra persona a llegar a ser un seguidor de Jesús. Eso es lo que Mentoreo Radical puede lograr, y con suficientes hombres y mujeres tornándose en seguidores activos de Jesús, podremos cambiar al mundo.

Aproximadamente 350 años después de Cristo, el emperador romano Juliano (332-363 d.C.) quería restituir las religiones paganas de Roma pero batalló en lograrlo porque los cristianos estaban haciendo cosas tan buenas para los demás, incluso para desconocidos, que hicieron irrelevantes a los dioses romanos.

¿No sería maravilloso volver irrelevantes a los dioses paganos del siglo veintiuno al tener a millones de seguidores de Cristo siendo tan genuinos en su fe que cambien el mundo con su bondad, misericordia y generosidad?

Yo creo que eso puede suceder. No a través del evangelismo en la televisión, las cruzadas o las mega iglesias... sino a través del mentoreo. Debemos imitar lo que Jesús hizo – ayudar a hombres y mujeres a ser seguidores comprometidos de Jesucristo con una pasión y compromiso de ayudar a más y más personas.

# EL MENTOREAR ES DESORDENADO

Las personas de la iglesia moderna aman las clases, conferencias, estudios Bíblicos y grupos pequeños. Llegamos, nos sentamos en círculos o en filas, escuchamos, compartimos, oramos, comemos y nos vamos. Usualmente hacemos algo de tarea entre las reuniones, pero no es mucho (así lo diseñamos porque no queremos que menos personas se involucren por tener que trabajar muy duro). Es ordenado. Es predecible. No es invasivo. Fácilmente se acopla a nuestras vidas perfectas.

El mentoreo es diferente. No hay en sí un currículo. No hay un video con preguntas de diálogo. No hay un formulario que se debe responder al final que diga: "Joe Smith ha completado tal y tal curso". El mentorear es una relación. De hecho son varias relaciones.

Puedes llegar a ensuciarte al mentorear a otros. Ellos traen asuntos reales a la mesa. Y esos asuntos requieren que los mentores sean personales, transparentes y abiertos. Una de las frases más comunes que un mentor dice es: "No lo sé. Pero te cuento lo que yo hice cuando... y este fue el resultado. Esto es lo que debí haber hecho. Esto es lo que Jesús dijo al respecto. Esto fue lo que a mí se me pasó hacer".

Muchas veces he salido de las reuniones con mentoreados y me he puesto de rodillas preguntándole a Dios: "¿Por qué le está sucediendo esto a él? No lo comprendo". Muchas veces he orado por la situación de uno de mis mentoreados y no solo mi oración no fue contestada, sino que sentí que Dios guardó silencio por completo.

Fue entonces que descubrí mi rol... ayudar a los más jóvenes a interpretar lo que está sucediendo de la manera correcta, de la manera Bíblica... al estilo de Dios. En medio de todo ello, yo estoy practicando mi propia fe y fortaleciéndola aún más.

## MI PROPÓSITO

Aparte de mi relación íntima con el Padre, nada me ha dado más dirección en la vida que mi declaración de propósito de vida. Sin ella probablemente yo no sería un mentor.

Anteriormente mencioné *Una Vida con Propósito* y la afirmación de Rick Warren de que todos existimos para "glorificar a Dios". Estoy de acuerdo.

¿Pero cómo? ¿Cómo glorificamos a Dios? ¿Cómo podemos hacer que nuestras vidas sean alabanza a Él?

Después de mucho pensar, orar y editar, al fin mi declaración de propósito de vida fue decidida:

"Yo, Regi Campbell, glorifico a Dios al amar y servir
a otros y al desafiarlos a ser todo lo que pueden ser y
a dar todo de sí a Jesucristo".

¿Viste las tres palabras claves – *amar, servir y desafiar*? Déjame
explicar.

*Amar.* No se puede discutir el hecho de que los seguidores de Jesús
deben amar a Dios y amarse unos a otros. *Amar* es un verbo, no un
sustantivo. El amor verdadero se demuestra. Cuando Jesús nos dijo
que el mandamiento más importante es "amarás al Señor, tu Dios, con
todo tu corazón, tu alma, tu mente y tus fuerzas, y amarás a tu prójimo
como a ti mismo", Él se refería a hacerlo, no solo hablar sobre ello.

Mi segunda palabra es *servir.* Donde el amor entra en acción. En
una charla de la Conferencia Catalyst, Rick Warren dijo: "La Iglesia
se ha amputado las manos y los pies, y lo único que le queda es su
boca". Hablamos de servir, pero mayormente servimos la institución
de la Iglesia. Nos servimos los unos a los otros dentro de la Iglesia... y
eso prácticamente es todo.

El ser mentor de otros más jóvenes le pone manos y pies al amar
y servir. Es por eso que cualquiera que sea maduro en la fe lo puede
hacer.

La tercera palabra es donde se pone peligroso. La mía es *desafiar.* Yo
soy un desafiador. Mi filosofía en la vida en cuanto a las relaciones es
"traer una sonrisa al rostro y una reflexión al corazón de toda persona
con la que me encuentre".

Cuando me conecto con mis mentoreados, hay un sentir fuerte de
desafío en el ambiente. Para empezar los desafío a ser puntuales, una
práctica que se ha perdido en nuestra cultura y particularmente en el
mundo de la Iglesia. Los desafío requiriendo que completen las tareas
asignadas. Los desafío a ser abiertos y transparentes. Hago preguntas
personales y demando respuestas honestas. Los obligo a considerar lo

que dice Dios acerca de las cosas en Su Palabra. Hemos aprendido que cualquier hombre que esté comprometido a hacer discípulos y ser firme en su fe desafiando a los que vienen detrás de él, crecerá en "fe y buenas obras".

Él me usará a mí y a ese don de desafiar en las vidas de mis mentoreados, pero solo por un periodo definido de tiempo. Yo no seré el último ni el único mentor que tendrán estos varones. Yo estoy en sus vidas por nueve a doce meses. Dios tal vez traiga un motivador a sus vidas después de su año conmigo. O un entrenador algún tiempo después de eso. Solo soy responsable de ser lo que yo soy, de hacer lo que el Señor me ha pedido que haga y usar los dones, habilidades y experiencias que ha puesto en mí.

Ya que Jesús fue el único mentor completo, el único mentor quien podía desafiar y también alentar plenamente, entonces yo no podría jamás ser todas estas cosas para mis mentoreados. Mi oración es que ellos aprendan todo lo que puedan de mí, pero entonces sigan adelante para ser mentoreados por otros en el futuro.

## DE ADENTRO HACIA FUERA

Mis grupos de Mentoreo Radical comienzan con el hombre interior y su relación con su Padre celestial. Ya cuando hay claridad en esa relación, el enfoque avanza hacia la manera en que el hombre interior piensa, actúa y se relaciona... primero con sí mismo y después con su esposa, hijos y sus otras relaciones en el mundo.

El propósito de Jesús se tradujo en acción. Su elección de mentorear un grupo pequeño de seguidores para efectuar su misión fue una decisión brillante. Solo haz el cálculo: doce discípulos, multiplicándose ellos mismos vez tras vez, el número de personas recibiendo el mensaje es asombroso. No había manera más efectiva para esparcir un mensaje importante en el primer siglo sin internet, televisión, ni correo. Aún con toda la tecnología, influencia individual y de boca en boca, la multiplicación sigue siendo la manera más poderosa de comunicar un mensaje. Las empresas gastan miles de millones hoy en día para crear marcas, mercadeo viral y crear revuelo, todo con el fin de la extensión rápida y efectiva a millones de personas.

Y el mensaje que tiene Jesús es único. No se trata de teología o doctrina sino más bien se trata de un hombre... Su origen, Su vida, Su muerte, Su resurrección y Su propósito para el mundo. En el mundo del primer siglo no había un vehículo más poderoso de comunicación que el relato de un testigo visual que vio algo. Ese era el primer paso en el plan de Dios para revelar el mensaje de Jesús: que Él "viviera en voz alta" delante de un grupo pequeño de personas, Sus discípulos y después los posicionó para que pudieran describir de primera mano lo que habían experimentado, oído y visto.

## PERSONIFICACIÓN

Al haber utilizado el modelo de Mentoreo Radical para formar hacedores de discípulos por más de 15 años, ahora sé mucho más del porqué funciona. Y una de las cosas más importantes que he descubierto es que el "ingrediente secreto" es la *personificación*. Déjame explicar.

Cuando algo resulta difícil de entender, extremadamente complejo, de alto potencial, usualmente requiere de algún tipo de ejemplo o aplicación o uso para que se pueda entender. Cuando los ingenieros en los Laboratorios Bell inventaron el *transistor*, casi nadie captó su importancia hasta que el radio *transistor* apareció. La radio 'personificó' al transistor, hizo a la radio más pequeña, más portátil, económica y mejor. En muchos aspectos el internet fue así. En su origen, fue un concepto útil solamente para científicos e investigadores... hasta que llegaron Google, Yahoo y Facebook. Ellos *'personificaron'* el internet y pusieron la realidad de su potencia y utilidad en las manos de gente común. Algo tan complejo tras ello... simpleza extrema y valor entregado a miles de millones de personas quienes lo utilizan.

El Antiguo Testamento es la historia de los intentos de Dios de comunicar Su amor y poder a nosotros. La narrativa de los judíos es la narrativa de la humanidad... egoístas, tercos, inconstantes en su fe, siempre enfocados en el beneficio propio, olvidadizos y desagradecidos. La narrativa de Dios es santidad implacable; la justicia y verdad siempre acompañadas por la misericordia y gracia. Vez tras vez, parece que los judíos comprenden, se conectan y se someten, tan solo para dar la vuelta, rechazar a Dios y rebelarse.

En el momento indicado, Dios decidió revelar la *personificación* de sí mismo. Jesús entra en la historia para mostrarnos un *ejemplo real de Dios en la Tierra*. Por primera vez, vemos cómo es Dios, y lo vemos en vivo y en directo. En términos humanos. Historias. Imágenes. Imágenes en movimiento. Las decisiones que Él tomó. Las acciones que Él realizó. Cómo Él trataba a las personas. Cómo Él oraba y seguía a Su Padre. Cómo Él trataba a Su madre. Cómo Él se enfrentó a la muerte... y murió. Jesús no intentó actuar como Dios. Era Dios. Vivió, murió y ahora vive en las vidas de Sus seguidores alrededor del mundo como la personificación de Su Padre. Sus discípulos no fueron asesinados por lo que Jesús enseñó, ellos murieron porque no paraban de hablar acerca de *quién es Él... ¡Acerca de quién era la personificación!*

He luchado por explicar la razón de porqué un mentor puede tener tanto impacto en una persona más joven... el porqué los grupos pequeños regulares, estudios Bíblicos, y clases de escuela dominical no son nada en comparación con el mentoreo.

Se debe a lo que he comenzado a ver...

**El mentor es la *personificación* de la vida cristiana visible y accesible al mentoreado.**

Aunque no perfecta, la vida del mentor, al ser expuesta y estar completamente comprometida, le muestra al joven un ejemplo real de cómo es un seguidor de Jesús en todo su esplendor y lo que *podría ser para él si* se entrega por completo. En un grupo de mentoreo, los participantes ven destellos de Jesús en los demás también. Un compuesto comienza a aparecer… una forma de creer, actuar y pertenecer.

¿Entonces eso qué significa? ¿En la vida real?

La *personificación* comienza con gracia y gratitud. El mentor/ seguidor de Jesús ha enfrentado su pecado y ha aceptado el perdón de Dios. No se jacta de ser justo, no es un impostor, pero tampoco es autocrítico. Está profundamente *agradecido* por su perdón, su adopción en la familia de Dios y su vida con Dios. Sabe el contraste entre su vida en Cristo y su vida sin Cristo. Ha *comprendido el amor de Dios* por él, lo cual le ha dado paz y consuelo en su propia piel. Está *conectado* con el Padre, lo persigue todos los días de su vida. Está leyendo y aprendiendo constantemente. La oración deja huellas en su vida, no como un ritual de palabras practicadas, sino de Su presencia… sonrisas, quietud y adoración personal. Su vida proyecta el amor de Dios, la paz, gozo, paciencia, benignidad, bondad, fidelidad, mansedumbre y dominio propio. Cuando los mentoreados son invitados a entrar y participar en su vida, pueden ver y escuchar cómo navega su matrimonio, paternidad, iglesia, dinero, trabajo, relaciones, problemas de salud y todo lo demás. Conforme el mentor camina más cerca de Jesús, su vida será cada vez más una *personificación* de Jesús y Dios usará cada vez más su vida para influenciar a los mentoreados en quienes invierte.

Hasta hace poco, yo hubiera dicho: "Los mejores mentores son aquellos que están más cerca de Dios… aquellos que son una personificación de Jesús". Pero eso está mal y corto de visión… es poner el estándar donde nadie lo puede alcanzar. Debes empezar desde donde estás. Mira el ejemplo de los discípulos de Jesús… Todos ellos caminaron con Él y aún así cada quien empezó su propio ministerio en lugares totalmente diferentes. Pedro empezó con la vergüenza de haberle negado a Jesús, Tomás con sus dudas, Santiago y Juan con su ambición y ni siquiera sabemos de los demás.

Lo que sí sabemos es que el caminar al lado de la *personificación* de Dios por tres años y medio los puso en la senda de crear hacedores de discípulos y de cambiar el mundo. Al final, fueron perseguidos y asesinados, no por lo que habían aprendido ni por lo que enseñaban. Eran altamente peligrosos porque ellos habían visto a *Dios personificarse* en su mentor y amigo, Jesús. Por la obra del Espíritu Santo en Pentecostés, ellos se *convirtieron en la personificación de Jesús* y comenzaron a edificar la iglesia, una ciudad, una ecclesia, un hacedor de discípulos a la vez. Ellos no podían parar de *ser quienes eran*, y no podían negar lo que habían visto y experimentado.

# CAPÍTULO DOS

## NO SE TRATA DE MÍ

En varias ocasiones, he arrancado mi grupo de Mentoreo Radical con una prueba sorpresa. Antes de reunirnos, cada integrante escribe una biografía resumida de su vida, y envía una copia a todos en el grupo. Elijo unos hechos acerca de cada varón, su familia y su historia y preparo un examen para completar los espacios en blanco. Debería ser muy fácil, ¿verdad? No lo es.

El problema es que los participantes vienen a la primera sesión y no han leído las biografías de los demás. Las calificaciones son abismales, a veces ni alcanzan los veinte en una escala de 100. Ellos siempre están muy avergonzados.

¿Por qué? ¿Por qué no se toman el tiempo para leer acerca de los demás varones con quienes van a compartir en un grupo por un año? Autoenfoque, es por eso. Todos están interesados en su propia situación... y de nadie más. Yo les hago una pregunta convincente: "Si esta noche hubieras venido a una reunión de clientes potenciales quienes te podrían ayudar a alcanzar tu cuota de ventas o de gerentes corporativos que podrían ayudarte con tu carrera, ¿Cuál hubiera sido entonces tu calificación?" Te aseguro que hubieran hecho el esfuerzo si hubieran pensado que obtendrían un beneficio personal. Pero el hecho tan solo de enfocarse en las demás personas en el grupo, aprender acerca de sus familias, carreras, y logros sin ninguna razón aparente... ¿Por qué molestarse?

El mentoreo auténtico, el mentorear como Jesús lo hizo, involucra desinterés personal. Eso dice: "Yo voy a darte a ti... ponerte a ti en primer lugar... dejarte aprender de mis errores y no recibir nada a cambio". En un sentido el mentor dice: "Yo he pagado el precio (a través de mis errores) para aprender lo que he aprendido. Te voy a dar el beneficio de ese precio que yo pagué para que tú no lo tengas que pagar". ¿Suena un poco como el sacrificio de Jesús por nosotros, no es así? Esa oferta, esa transacción, no tiene sentido en nuestra economía. Es ridícula. ¿Por qué deberías ganar tú de mi sacrificio? Es sálvese quien pueda, ¿Verdad?

Pero la realidad de Dios, el mundo visible fusionado con el mundo invisible es una realidad de tres, no de dos.

Déjame explicar.

El decidir mentorear no solo es una decisión entre la persona y yo o entre el grupo y yo. Ese es solo un mundo de dos.

Soy yo, el varón más joven, quien necesita un mentor, y Dios. Soy yo, el grupo de Mentoreo Radical y Dios.

Dios es la tercera persona en cada transacción... cada situación... cada decisión.

Nuestra relación con Dios no es tan simple y sencilla como para permanecer solo entre Él y nosotros. Él siempre está usando un tercero – nuestras esposas, hijos, pastores, aún nuestros jefes. Él siempre nos está conectando con personas para Sus propósitos. Siempre es: "Tú, yo, y Dios". Siempre es: "Jesús, ¿Qué quieres que yo haga?" Siempre son tres, no dos.

Mientras consideras la idea de convertirte en un Mentor Radical… de mentorear como Jesús lo hizo, recuerda que hay un tercero involucrado en la decisión. Él ama el desinterés. Él ama el corazón de siervo. Él ama que hagamos lo que Él hizo. Él te responderá si le preguntas lo qué quiere que tú hagas.

# MODELANDO DESINTERÉS EN EL SIGLO VEINTIUNO

En una sociedad autosuficiente, ¿Cómo demostramos un desinterés personal genuino? ¿Sostienes la puerta para que las personas ingresen al centro comercial pero nunca entras tú mismo? ¿Regalas todo tu dinero y tus posesiones y te conviertes en monje?

El Mentoreo Radical comienza con el desinterés de parte del mentor. Tiene que haber un impulso o un llamado para devolver lo que se ha recibido… de dar para los demás. Un compromiso a la causa llama al mentor a superar los intereses egoístas y abrazar el desinterés personal.

Jesús fue el único ser humano desinteresado que caminó sobre la faz de la Tierra. Piénsalo…

- No tuvo ninguna pertenencia para que pudiera viajar ligero y totalmente enfocado en otros.
- Renunció a su familia para poder enfocarse en Su misiónmission.
- En varias ocasiones Él proveyó comida gratuita para las personas que estaban escuchando Su enseñanza.
- Ayudó a pescadores a atrapar peces.

- Sanaba a las personas a diestra y siniestra y nunca pidió nada a cambio. A menudo les pedía a las personas a quienes sanaba que no dijeran nada a nadie para que de esa manera, Él no obtuviera nada de crédito públicamente.

Jesús aún renunció a Su familia por los asuntos de Su Padre. Pudimos observar esto cuando, a la edad de doce años, Él se quedó atrás en la sinagoga para hablar con los rabís causando mucha angustia a Su familia cuando se dieron cuenta que estaba ausente.

Después como adulto, viajó alrededor del país sanando y predicando, muchas veces aunque era un riesgo para Su propia vida. Una vez cuando Su familia lo encontró, Jesús les hizo saber claramente que Su ministerio… el mentorear a Sus discípulos… las enseñanzas, la sanidad, y la expulsión milagrosa de demonios... eran más importantes que cualquier otra cosa, incluso que su familia (mire Lucas 8:18-21).

Sabemos que Jesús amaba a Su familia. Uno de Sus últimos actos desde la cruz fue asegurar que Juan cuidaría de Su madre.

Es que la "obra de Su Padre"... el trabajo desinteresado de revelar cómo es Dios realmente y el mentorear a Sus discípulos para llevar hacia adelante el trabajo de Su Padre después de Su ascensión, tomaba prioridad sobre las otras cosas que tal vez egoístamente hubiera disfrutado.

Pero lo más grande fue Su muerte en la cruz. Jesús voluntariamente dio Su vida para que nosotros pudiéramos ser perdonados de nuestros pecados y tuviéramos vida eterna.

¿Qué recibió Jesús a cambio de esto? Nada. Fue el acto máximo de altruismo... el dar Su vida para las mismas personas que lo estaban matando. Para mí eso es la definición de desinterés personal.

El altruismo de un buen mentor es obvio. Hay una disponibilidad de invertir tiempo en otros aún cuando no hay recompensa para ti. En ambientes corporativos, a menudo a los mentores se les reconoce por su participación… una placa, un artículo en el boletín de la empresa y un banquete de premiación donde recibe aplausos. Y después, conforme los mentoreados suben de puestos en la organización, a menudo ellos regresan para cuidar de sus mentores anteriores.

El Mentoreo Radical no promete nada de eso. Esto se trata de una calle de un solo sentido... del mentor al mentoreado. No hay recompensa. No es dar para recibir algo a cambio. Solo el dar desinteresadamente. Y es maravilloso.

Nuestro Padre en el cielo está mirando y el desinterés le hace sonreír. De entre todos los esfuerzos humanos que le gustan, el mentorear a los más jóvenes para los propósitos del reino tiene que ser uno de Sus favoritos... porque eso es lo que Su Hijo hizo cuando estuvo aquí.

## GRATITUD

He hablado sobre la gratitud y cómo los mentores dan y no esperan nada a cambio. Dios pone dentro de Sus seguidores verdaderos una motivación muy profunda, un llamado verdadero. Ellos reconocen que existe más en la vida que la vida misma, y están motivados de una manera especial debido a estat comprensión.

Déjame explicar.

Cuando yo me rendí a Dios en septiembre 1983, ya no tenía nada. Había perdido a mi esposa e hijos. Mi carrera había chocado contra un muro de ladrillos. Yo había adorado al dios equivocado por muchos años y de repente me di cuenta de que no era real ni confiable. Estaba quebrantado.

Pero Dios me tenía exactamente donde me quería. Él no fue quien causó que todas estas malas circunstancias sucedieran. Yo mismo las había provocado. Y ahora estaba viviendo con las consecuencias de mis decisiones y mi conducta.

Pero Dios usó esas circunstancias difíciles para llamar mi atención… para acercarse a mí y decir: "Aquí estoy. Te amo. Yo quiero ayudarte. Conmigo podrás salir de esto".

Yo respondí: "Bueno entonces... eres Tú y yo, Dios. Me voy contigo. Lo que sea que quieras que yo haga, eso es lo que haré".

Estaba encantado de tener una conexión real con Dios. Por primera vez empecé a escuchar a Dios en vez de solo hablarle a Él. Comencé a sentir Sus impulsos y a sentir en mi espíritu algo que me detenía cuando me comportaba mal. Comencé a vivir esta vida radical… amar a mi esposa, a mis hijos, a todos. Hacer lo que Su "suave susurro" me guiaba a hacer.

Dios comenzó a bendecirme. En primer lugar, mi matrimonio comenzó a funcionar. Mis hijos y yo empezamos a tener una relación real. Mi vida en la iglesia hizo una transición de solo ir con la corriente a una adoración real. Mi nuevo negocio (el cual empecé después de dejar la compañía grande) empezó a crecer. La clase de discipulado en la que me inscribí se convirtió en una pieza central de mi vida espiritual y social. Dios me dio mis primeros amigos cristianos que jamás había tenido. Empecé a dar el diezmo y casi de inmediato comencé a aumentar el porcentaje.

Año tras año, Dios añadía más relaciones, más profundidad, más amor en mi vida. Y esa voz, esa conexión, esa relación se ha convertido en mi centro. Dios se ha movido de ser una parte de mi vida a ser el centro de mi vida. Él es mi norte magnético. Intento no hacer nada sin pensar en Él y filtrar mis acciones a través de Su voluntad para mí. Cuando no hago eso, fracaso. Punto.

## RETRIBUIR

Seguido escucho a las personas pudientes hablar sobre "retribuir".

Aquellos alumnos que salen de la universidad y hacen grandes fortunas, retribuyen enormes donaciones y dotaciones a sus antiguas universidades. Las personas que empiezan negocios a menudo retribuyen a las comunidades que fomentaron su emprendimiento al establecer fábricas, oficinas e instalaciones de distribución en esos lugares. Estas instalaciones proveen trabajos, pagan impuestos y enriquecen las comunidades que los ayudaron a empezar.

Ya que Dios en esencia me dio la vida, ¿Qué parte de ella realmente es mía?

Ninguna.

¡Es Suyo, todo Suyo!

Él puede quitarlo cuando quiera. Entonces en realidad le pertenece a Él de todos modos.

¿Qué tan difícil es ser generoso con el dinero de otra persona? Solo observa qué ordenan tus hijos cuando los llevas a cenar y ellos saben que tú vas a pagar la cuenta. Esa es la manera en que debemos mirar nuestras vidas. Son Suyas. "Señor, ¿Cómo quieres que use mi tiempo para Ti, para Tu reino?" Que no te sorprenda si es que en parte la respuesta es mentorear a personas más jóvenes.

La otra dimensión de dar como mentor se relaciona con cómo darás a tu grupo en cuanto tengas uno.

Mi regalo más valioso para mi grupo es mi tiempo y atención. En el mundo de hoy en día ¿A dónde puede ir uno a que lo escuchen genuinamente sin ninguna agenda personal, sin nada que ganar o perder? Mi único objetivo es guiarlos hacia Jesús.

Yo puedo escuchar objetivamente, sin la presión de tratar de impresionar, sonar inteligente o siempre tener la razón.

## COMPROMISO CON "LA CAUSA"

Cuando miras al mentoreo en el contexto más amplio, siempre gira en torno a una causa. Cuando los entrenadores de fútbol americano mentorean a sus jugadores, es por la causa de edificar un mejor equipo y llegar a la final, ganar campeonatos. Cuando los entrenadores principales asesoran a sus asistentes, se trata de construir un equipo de entrenadores más fuerte y crear una tradición ganadora.

Cuando las empresas crean programas de mentoría y fomentan las relaciones de mentoreo, se trata de lo mismo... éxito para la compañía. Podemos ser más exitosos como una organización si aprovechamos el talento y la experiencia de nuestro personal mayor en el desempeño de nuestros gerentes más jóvenes. Simplemente tiene sentido.

Jesús, el mentor más grande del mundo, hizo mucho de Su mentoría por "la causa". Él se enfocó por completo en los asuntos de Su Padre, demostrando la naturaleza de Dios y preparando a Sus mentoreados para la tarea de llevar la historia de Dios al mundo y a las generaciones futuras.

Aún cuando Él hizo cosas que parecían "terrenales" como sanar a la suegra de Pedro (Mateo 8:14-15), tenían un propósito que trascendía el momento... trascendía la necesidad humana... trascendía Su amistad con Pedro. Él siempre estaba pensando: "¿Cómo puede mi Padre obtener gloria de esto? Puedo imaginar que la sanidad de la madre de su esposa ayudó mucho a la esposa de Pedro a lidiar con la ausencia continua de su esposo mientras él viajaba con Jesús. Pero también puedes estar seguro de que la esposa de Pedro estaba viendo un cambio increíble en su esposo, un cambio bueno.

A través de los años, las esposas de los hombres que he mentoreado se han convertido en mis mejores aliadas. Ellas extrañan tener a sus esposos en casa las noches que están conmigo, pero están más que encantadas con los cambios que ven que Dios está obrando en sus esposos.

Aunque Jesús pasó la mayor parte de Su tiempo con Sus mentoreados, Él nunca los puso por encima de Su Padre y la causa del Reino. Se alejaba después de los grandes eventos para ir a orar. Justo cuando esperarías ver a los discípulos levantando la hielera llena de Gatorade para vaciarla en Su cabeza para celebrar, Jesús ya estaba alejándose para estar a solas con Su Padre.

Mi motivación para crear los grupos de Mentoreo Radical ha sido el animar y equipar a hombres más jóvenes que sean más como Dios. Tomando una frase de mi declaración de propósito, mi objetivo es ayudar a las personas a convertirse en todo lo que pueden ser y a entregarse por completo a Jesucristo.

Cuando los hombres que mentoreo viven vidas llenas de carácter, cuando se mantienen fieles en su matrimonio, florecen en sus iglesias, guían a sus hijos hacia Jesús y prosperan en sus carreras, yo creo que están diciendo a los que están a su alrededor: "Oigan, seguir a Jesús quizá no sea un mal camino a seguir". Entonces, ojalá Dios haga que esas personas se acerquen a Él y puedan entender cuál es realmente "el camino".

## EL EGO PELIGROSO

Jesús sabía quién era. No tenía nada que demostrarle a nadie. Él hizo milagros y maravillas para demostrar Su divinidad, no para presumir o decir: "Oigan, mírenme". Desvió la gloria por todo lo que hacía al Padre y nunca tomó el crédito para Sí mismo.

A mentores como Jesús les encanta ver a sus mentoreados ir más allá que ellos mismos... Para hacer cosas más grandes de las que ellos mismos han hecho antes.

Peter Drucker estaba encantado con el éxito de su mentoreado, Jim Collins, autor de *Empresas que sobresalen*. Drucker escribió docenas de libros e impactó grandemente la administración de empresas modernas pero nunca dudó en ayudar a Collins a dar forma a su mensaje y filosofía de negocios. Collins escribió:

> Jamás me olvidaré haberle preguntado: "¿Cómo podré pagarte?" y su respuesta fue: "Ya me lo has pagado. He aprendido tanto de nuestra conversación". Fue entonces que caí en cuenta donde reside la grandeza de Drucker, a diferencia de muchas personas, a él no le impulsaba decir algo. A él le impulsaba aprender algo. Me siento orgulloso de haber seguido el consejo. Es una deuda enorme. Nunca podré pagarle. Lo único que puedo hacer es dárselo a otros. Drucker había dicho: "Ve y sé útil". Así es como le pagas una deuda a Peter Drucker. El hacer para otras personas lo que Peter Drucker hizo para mi.[3]

Los grandes mentores saben quienes son. Les da gran gozo ver su sabiduría, conocimiento y experiencia cobrar vida para ayudar a otros.

El comentario de Collins sobre cómo Drucker escuchaba y aprendía es enorme. Cuando una persona sabe quién es, puede estar cómodo en cualquier situación. No desperdicia su energía preguntándose qué está pensando la otra persona. Puede usar toda su energía escuchando y tratando de entender.

He escuchado historias de terror acerca de mentores quienes fueron motivados por sus egos. Ejecutivos jubilados son especialmente experimentados, pero a menudo especialmente egocéntricos también. Ellos han sido admirados... en ocasiones temidos... por años y años. "Ellos saben porque saben". Pero como mentores, pueden estar demasiado envueltos en sus propios logros... su propia manera de hacer las cosas.

Se olvidan que Jesús hizo preguntas... muchas preguntas, y Él escuchaba. No solo habló. En ocasiones cuando hablaba, Él era muy intencional al hacerlo. Pero muchas, si no es la mayoría, de Sus parábolas fueron respuestas a preguntas.

Jesús formaba Su mensaje... Su respuesta... a la medida de las necesidades del que preguntaba. No parloteaba sin final acerca de lo que Él sabía.

Por lo tanto, el mentor desinteresado en sí mismo es un buen oyente, dando de su sabiduría para suplir las necesidades de sus mentoreados, no su necesidad de contar todo lo que sabe.

Ese es un corazón desinteresado... El corazón de un mentor que busca a Dios.

## UNA GRAN SORPRESA

Dios, quien es el Padre perfecto, ama dar buenas dádivas a Sus hijos. Podríamos debatir todo el día qué es "una buena dádiva". Pero sospecho que no es un carro nuevo, un gran éxito en la bolsa de valores ni unas vacaciones lujosas. No me ha dado a mí esas cosas como resultado de mi mentoreo, pero sí me ha sorprendido con algunos regalos increíbles. Cartas de varones que me agradecen por ayudarles a tener mejores matrimonios y notas describiendo una vida de trabajo más balanceado. Me agradecen por haber formado parte de esas etapas. Ellos me envían fotos de sus hijos recién nacidos forjados en matrimonios una vez inestables y ahora fuertes.

Pero más que nada, *¡Son mis amigos!* Dios ha convertido a los varones que he mentoreado en mis mejores amigos. Nunca me esperaba eso.

¿No es precisamente la naturaleza de Dios tomar algo que le has dado desinteresadamente y devolvértelo como una bendición que va más allá de lo que puedas imaginar?

# CAPÍTULO TRES

## EL INGREDIENTE SECRETO:
## UN GRUPO

Jesús, el mejor mentor del mundo, trabajó con un grupo. Así es, un grupo. A lo largo de mi vida, pensé que el mentoreo era una cosa individual... uno a uno, vida con vida. Pero Jesús empezó... y terminó... con un grupo.

¿Cómo se nos llegó a pasar esto? Yo no puedo encontrar un solo libro o artículo que aborde el mentoreo desde una perspectiva grupal. Supongo que es similar al arreglo floral que está seco en mi estante. Lo he visto tanto que ya no lo veo.

En círculos cristianos el modelo de mentoreo es Pablo, Bernabé y Timoteo. Pablo es el mentor mayor y el más sabio. Bernabé es su compañero... alguien que comparte una "misión" con nosotros... alguien a quien podemos rendirle cuentas y con quién hacer vida. Y Timoteo es la persona más joven, con menos experiencia, y menos madura en quien podemos invertir nuestra vida.

Es una buena imagen y aunque me encantaría tener eso, solo he conocido a unas pocas personas que han tenido a individuos jugando esos roles exactos en sus vidas. Son muy bendecidos, pero también muy pocos. Y cuando he visto que eso sucede, se ha demorado años y la mayoría de esas relaciones evolucionaron lenta y desordenadamente con el tiempo. No hubo la intención de establecer las relaciones ni de realizar los roles de mentoreo. Simplemente Dios hizo que los caminos de vida de esas personas se encontraran... solo sucedió.

La primera vez que intentamos comenzar un programa de mentoreo en North Point Community Church, no tuvimos ningún problema en atraer unos doscientos varones que querían ser mentoreados. Y también hallamos una buena cantidad de mentores potenciales.

El problema resultó al intentar conectarlos uno a uno. Hicimos una base de datos e intentamos conectarlos según el sector de la ciudad en donde vivían o trabajaban. Intentamos conectarlos por su universidad o por la industria donde trabajaban. Intentamos de todo. Aún con la bendición y participación activa de Andy Stanley, nuestro Pastor Principal, el programa fracasó.

¿Por qué?

Porque no se puede orquestar la amistad. No puedes *hacer* que sucedan relaciones de mentoreo uno a uno. Es un poco como el matrimonio... Nadie puede explicar ni predecir cómo Dios une a ciertas personas, pero lo hace.

Cuando miro a Jesús, veo intencionalidad. Él no tuvo tiempo para que Sus mentoreados, Sus "Timoteos" simplemente se cruzaran en Su camino. Tuvo que ir y buscarlos.

Él ya tuvo a Su mentor, Su "Pablo"... ¡Dios Padre en persona!

Y no hubo (ni hay) un contemporáneo a Jesús, así que lo de Bernabé no iba a funcionar.

Reconozco que toda relación es individual... no puedes tener una relación con un grupo. Es en última instancia uno a uno, entre el mentor y el mentoreado al igual que entre los mismos mentoreados. Tal como Dios no tiene una relación con una iglesia; tiene una relación individual con cada persona dentro de la iglesia. Sin embargo, yo creo que el contexto grupal es el "ingrediente secreto" del mentoreo intencional. Puede poner en marcha las relaciones individuales y acelerar el proceso de desarrollar la confianza.

# EFICIENCIA

A mis catorce años de edad, tuve mi primer trabajo en un almacén de alimentos, empacando comestibles, organizando estantes y haciendo la limpieza general.

Cada noche después de cerrar, alguien tenía que limpiar los pasillos con un trapeador grande. Los trapeadores eran pesados, voluminosos y estaban un poco húmedos por una cera que se les aplicaba previamente.

Un viernes por la noche, yo estaba con mi trapeador limpiando apresuradamente, subiendo por un lado del pasillo y regresando por el otro lado.

El Sr. Cantrell, el gerente de la tienda, era un personaje bastante temido por todos en la tienda. Tenía cabello blanco, una cara rojiza y casi nunca sonreía… no era el tipo al que querías irritar ni decepcionar. Durante mis primeras semanas en el trabajo, quizá me dirigió la palabra solo una o dos veces.

Mientras me acerqué al final del pasillo de la comida para perros, el Sr. Cantrell me vio. Se detuvo, dio la vuelta y caminó directamente hacia mí. Recuerdo como la sangre se esfumaba de mis piernas… así como cuando vas manejando a toda velocidad y de repente ves una patrulla con el radar apuntando justo hacia ti. Ni me di cuenta que él tenía un trapeador en su mano.

Cuando llegó conmigo, estiró la mano y tomó el trapeador de mis manos sin decir una sola palabra. Entonces tomó su trapeador y el mío, puso uno en cada mano, y continuó por el pasillo, trapeando todo el pasillo con una sola pasada. Cuando llegó al final del pasillo, giró al siguiente pasillo, fuera de mi vista. Rápidamente giré y entré al pasillo justo a tiempo para ver al Sr. Cantrell caminando directamente hacia mí con ambos trapeadores, limpiando todo el ancho del pasillo con una sola pasada. Cuando llegó hasta mí, se detuvo... me entregó ambos trapeadores y dijo: "Trabaja inteligentemente, hijo, y no tan duro". Nunca he olvidado eso.

El mentorear en grupo es "trabajar inteligentemente y no tan duro".

¿Por qué contar tu historia ocho veces a ocho personas cuando podrías contarlo una sola vez los ocho? ¿Por qué compartir tus éxitos y fracasos una y otra y otra vez cuando puedes compartirlos una vez para que escuchen múltiples oyentes?

Jesús trabajó inteligentemente. Varias veces Él estaba hablando, enseñando y respondiendo preguntas en frente de Su grupo... para que todos oyeran y aprendieran lo que estaba compartiendo. Claramente el grupo tenía diferentes niveles de entendimiento pero aquellos que querían, regresaban y hacían preguntas para recibir aclaración. "Explícanos esta parábola", los discípulos dijeron en muchas ocasiones. Y entonces Jesús les explicaba. Una vez. Para que todos pudieran oír y comprender.

Una de las razones más grandes por la que hombres y mujeres no mentorean hoy en día, es la cantidad de tiempo que piensan que les tomará. Con agendas tan ocupadas, la idea de reunirse uno a uno con alguien... una y otra vez... parece demasiado. Nunca se sabe cuándo surgirá la necesidad de reunirse. Nunca se sabe cuál será el asunto, y te preguntas si este compromiso indefinido tiene un final racional o si es que está haciendo algún bien. En un grupo, es totalmente diferente.

Como mentor, yo siento que vale la pena la inversión de tiempo para el beneficio de ocho personas, y mucho más que si fuera solo para una persona. Tengo el tiempo programado un año por adelantado... una noche al mes, tres horas... muy eficiente. Las conversaciones de seguimiento, las preguntas y explicaciones son increíblemente eficientes por mensajes de texto o email.

Como dije anteriormente, mi aventura en el Mentoreo Radical de grupos fue en autodefensa. No podía lograr el número de reuniones individuales requeridas y mantener un trabajo, una familia y un cerebro. Así que junté el primer grupo para aprovechar mi tiempo. Desde entonces, el tiempo requerido ha sido menos, la cantidad de personas influenciadas ha sido más, el tiempo que ocupo está organizado y planificado, y el fruto ha excedido mucho más de lo que jamás me hubiera imaginado.

## UNA ESTRUCTURA MÁS SIMPLE

Cuando pienso en el mentoreo uno a uno que he hecho, me recuerda lo desordenado que se sentía. Usualmente, la conversación era dirigida por el "asunto del día" y no llegaba mucho más allá. En el transcurso de un año o dos, estoy seguro que el mentoreado recibía algo de ayuda y crecía en su fe. ¿Pero había recibido lo mejor de mí? ¿Recibió tal vez lo que él quería pero se perdió de lo que *necesitaba*?

Todo lo que hacemos en la vida es alcanzar metas o solucionar tensiones. El mentoreo impulsado por los problemas no es intencional desde la perspectiva del mentor. No es proactivo, sino reactivo. No es lograr metas directamente… es aliviar la tensión para el mentoreado ya que él recibe ayuda con un asunto que urge. O recibe un consejo útil o la valentía para actuar de acuerdo a su decisión. A la miseria le encanta la compañía y es reconfortante tener a un respetado consejero que está de acuerdo con tu plan de acción, aunque este sea *tu propio* plan de acción.

Y no estoy diciendo que los mentores no deberían estar disponibles y responder a los asuntos urgentes de sus mentoreados. No podemos amarlos y no llegar a ayudarlos cuando están en problemas.

Pero si toda la atención médica se ofreciera en una ambulancia, en definitiva nunca veríamos cómo se salvan vidas por una cirugía a corazón abierto. Nadie se haría nunca un examen físico general... No habría prevención de enfermedades. Y si lo único que hacen los mentores es ayudar a las personas en tiempos de crisis, el crecimiento verdadero será lento y los mentores se desgastarán.

He encontrado que el mentorear a un grupo de varones, reuniéndonos una vez al mes por un año, me da una estructura sencilla y un ritmo mesurado, lo que me permite lograr mis metas y aprovechar al máximo nuestro tiempo juntos.

## PRESIÓN REDUCIDA SOBRE EL MENTOR

El mentorear en un ambiente grupal pone menos presión sobre el mentor que el mentoreo uno a uno. El mentor puede organizar (y controlar) la agenda. Puede hablar sobre lo que quiere hablar, siempre entendiendo que un buen mentor responde a su grupo y es relevante a sus problemas y necesidades.

Cada vez que se encuentra sin palabras o no tenga una respuesta, puede mirar al resto del grupo y decir: "¿Qué piensan ustedes? ¿Qué responderían a esta pregunta?" No solo se libera de tener que saberlo todo, pero también permite que los mentoreados ejerciten su habilidad de dar consejos sin amenazar ni sermonear.

Esta dinámica ha sido una de las sorpresas más grandes para mí como mentor.

Cuando alguien tiene un problema, usualmente alguien en el grupo tiene una experiencia relacionada a ese problema. Frecuentemente ellos hablarán y dirán: "Yo he estado ahí. Déjame contarte lo que pasó".

El ejemplo más vívido fue cuando uno de mis grupos "profundizó" en las expectativas matrimoniales.

"Yo trabajo duro... yo proveo mucho... ¿Por qué no debería esperar ciertas cosas de mi esposa?" preguntó Rick. Ya era noche en nuestro retiro. Un par de los demás también estuvieron de acuerdo. Yo expliqué que debemos amar a nuestras esposas como Cristo amó a la iglesia... incondicionalmente. Les recordé que nosotros no cumplimos con las expectativas de Jesús... pero aún así Él se entregó por nosotros. Aquí está lo que Rick se acuerda de esa noche...

*Era viernes por la noche. Ya habíamos comido una gran cena y estábamos tomando asiento para la sesión de la noche. Dos de nosotros aún faltábamos para dar nuestro testimonio. Yo era uno de ellos. Y sí que estaba nervioso. Tenía que compartir ahora lo que había enmascarado durante tanto tiempo. Pero en retrospectiva veo que Dios estaba preparando mi corazón para una noche que nunca iba a olvidar.*

*Mi historia comenzó con una vida familiar disfuncional y un hogar roto, un papá que nunca estuvo presente y una mamá que siempre estaba en el trabajo. A lo largo de mi vida me había hecho un experto en esta fiesta de autocompasión y no esperaba que esta noche fuera diferente. Pero después de mi intento de explicar mi vida, mi mentor tuvo una pregunta que sacudió mi mundo: ¿Cómo está tu matrimonio ahora? Yo cargué y comencé a disparar. Yo he hecho todas estas cosas. Trabajo duro. Yo proveo. Yo limpio. Yo ayudo con los niños. ¿Por qué mi esposa no puede hacer algo? ¿Por qué no puede darme un poco de espacio?*

*Lo que no me daba cuenta era que todo lo que salía de mi boca era lo que yo necesitaba, lo que yo hacía bien, lo que ella hacía mal. Todas mis expectativas de ella eran demandas egoístas de mi parte. Mientras miraba los rostros en la habitación, pude ver que varios de mis compañeros estaban de acuerdo conmigo. Así que me sentí muy bien. Pero estaba muy equivocado.*

*Mi mentor comenzó a decir que – ¡Yo era el que estaba equivocado! Yo era quien estaba dañando las cosas al poner expectativas sobre mi esposa que ella jamás podría alcanzar, y al final del día estaría divorciado al igual que mis padres... si yo no cambiaba.*

*Para ese momento, J. D. habló. Era el otro que aún no había compartido su historia de fe.*

*"Regi tiene razón", dijo, su voz llena de emoción. "Yo lo sé porque mis expectativas constantes llevaron a que mi primera esposa se divorciara de mí".*

*La habitación se quedó en silencio total. Nadie sabía que J.D. había estado casado antes. Continuó y contó su historia. Tenía tanta credibilidad porque estaba hablando desde su corazón... y su dolorosa experiencia personal.*

*En ese momento, me dije a mí mismo y al grupo que eso no iba a suceder. Yo ya había experimentado eso, y haría todo en mi poder para impedir que eso sucediera. Puedes ver otra vez esas palabras: mi poder. Regi me hizo recordar que Jesús no pone expectativas sobre mí, ni sobre ninguno de nosotros. Jesús nos ama incondicionalmente. Me senté ahí con mi cara en las manos y me di cuenta de que él tenía razón. Para estas alturas, estaba exhausto mentalmente. Mi mente y corazón me dolían. Me pregunté qué iba a hacer. O voy a continuar viviendo así o voy a cambiar ahora mismo con la ayuda de Dios. Así que llamé a mi esposa; eran las 2:30 am. Me quebranté en llanto y le dije cuán equivocado había estado... y cómo deseaba cambiar. Ella me perdonó, y empezamos de nuevo.*

## NO SE VE EL FINAL

Es difícil visualizar cómo terminará una relación de mentoreo. Yo creo que es por eso que es tan difícil motivar a más personas maduras a mentorear. Ellos han logrado un poco de éxito. Disfrutan tener el control de su tiempo y a menudo se vuelven egoístas con ello. Quieren saber a qué se están comprometiendo, cuánto tiempo les tomará, y cuándo se acabará. No crítico... estoy siendo honesto. Esto no es solo una evaluación... esto es una confesión. Yo mismo hago esas preguntas *cada vez* que me piden involucrarme en algo.

Antes de que comenzara a liderar grupos de Mentoreo Radical, hombres jóvenes me pedían que los mentoreara, y yo pensaba: *¿Cuánto tiempo tomará esto? ¿Cuán seguido me va a llamar esta persona? ¿Cuándo terminará? ¿Esto será mentoreo o adopción de adultos?*

Uno de mis mentores, quién fue también mi pastor por diez años, tuvo la valentía de decirme una vez: "Regi, creo que has aprendido todo lo que vas a aprender de mí". Es muy raro que alguien sea lo suficientemente honesto como para promoverte a ser mentoreado por otra persona.

Lo hermoso de un grupo de mentoreo es que tiene un final definido.

La mayoría de las relaciones de mentoreo gradualmente se apagan a lo largo del tiempo. Hay varones que continúan con la amistad y ocasionalmente se comunican, pero no hay un momento en donde se da a entender: "Listo, ya te tienes que defender tú solo. Ya te he dado lo mejor de mí. Ve y haz tu mejor esfuerzo". El tener un final definido es bueno, y es mucho más fácil concretarlo con un grupo.

## CALLE DE DOBLE SENTIDO

Otra sorpresa para mí al comenzar a mentorear grupos fue lo que yo pude aprender. Yo había visualizado enseñarles a ellos pero nunca esperé que yo mismo iba a aprender.

Al mentorear a hombres jóvenes inteligentes, yo estoy recibiendo el acceso a las mejores y más brillantes mentes del futuro. Hombres quienes liderarán nuestras empresas, nuestras escuelas, y nuestras iglesias. Han leído y aprendido por su cuenta y sus perspectivas a menudo estiran la mía.

También aprendo la manera en que su generación ve el mundo. Es posible que yo permanezca al día con tendencias y asuntos culturales a través de mi involucramiento en las vidas de hombres quienes están los viviendo. Ellos escuchan música diferente, ven diferentes progamas de televisión y películas y en ocasiones utilizan un lenguaje diferente. Yo soy capaz de mantenerme al día y mantenerme relevante por involucrarme con ellos.

Así que, el mentoreo no es una calle de un solo sentido de mí hacia ellos. Es una calle de doble sentido, en donde yo adquiero información valiosa y conocimiento útil de ellos también.

# PRESIÓN SOCIAL SANA

Otra dimensión de mentorear a un grupo es la presión social sana que los varones del grupo ejercen entre sí.

Ya que hago mucho énfasis en llegar a tiempo, hay un escándalo cuando alguien llega unos minutos tarde. Los demás regañan al que llegó tarde... yo no tengo que decir nada.

En un grupo, un mentoreado llamado Jonathan se mudó a mediados de año... de regreso a su ciudad natal a nueve horas de distancia. Sin embargo, cumplió con su pacto y manejaba de regreso cada mes para asistir a nuestras sesiones... ¡Un viaje de dieciocho horas ida y vuelta!

En su primer viaje de regreso para nuestra reunión, a Bryan, uno de los otros varones, su jefe le pidió que se quedara hasta tarde asistiendo a una importante sesión de planificación a largo plazo. El quedarse resultaría en faltar a nuestro grupo de mentoreo. Oró, reflexionó, incluso me llamó mientras estaba con su jefe a su lado, estaba buscando cualquier salida posible... ¡De su jefe o de mí! Ninguno de los dos cedimos. Él tenía que tomar una decisión.

Decidió quedarse en el trabajo y perderse nuestro grupo de mentoreo.

¿Puedes imaginarte los comentarios que recibió en la siguiente sesión? Jonathan, quien manejó dieciocho horas para cumplir con su pacto, le llamó la atención: "¿Cuáles son tus prioridades?" le preguntó. Y él se había ganado el derecho de desafiar a Bryan al pagar un precio tan grande para estar en la reunión. Yo estuve sentado en silencio y observaba cómo estos dos varones se mentoreaban el uno al otro. Eso solo puede ocurrir en un contexto grupal.

## FACILITACIÓN VERSUS ENSEÑANZA

Seamos honestos. Muy pocos maestros pueden mantener nuestra atención por media hora, mucho menos una hora completa. La investigación ha demostrado que podemos retener solo un pequeño porcentaje de lo que oímos y un porcentaje un poco más alto cuando escribimos lo que oímos.

El Mentoreo Radical es un modelo de facilitación… no un modelo de enseñanza. En quince años de mentorear en grupo, yo nunca he hablado con ningún grupo por más de diez minutos seguidos. ¡Nunca!

He hablado acerca de todas las ventajas de mentorear en grupo versus un individuo, pero muchos de nosotros pensamos que en un grupo tiene que haber un maestro. Nuestro ADN de "escuela dominical" empieza a tomar el control y visualizamos al mentoreo como una clase de escuela dominical.

Pero eso no funciona.

Un gran mentor puede escuchar, hacer buenas preguntas, involucrar a otros en la conversación, y contar una historia relevante para comunicar un punto importante. Permite que corra la conversación cuando esta va en buena dirección, pero tan pronto como se desvía del enfoque, la corta.

George Pratt, uno de mis mentoreados, lo dijo así:

Un mentor es muy diferente a un maestro. Los maestros tienen puntos específicos que compartir mientras que los mentores guían. Nuestro mentor aprovechó su tiempo para descubrir nuestras perspectivas y luego nos dio dirección práctica en áreas de crecimiento. Nuestro grupo de Mentoreo Radical nunca se trató de ideas abstractas sino de poner en práctica las cosas. Ya sea desarrollar una declaración de misión, escuchar a Dios, ser intencionales con nuestro tiempo en alcanzar a otros, amar a nuestras esposas, o criar a nuestros hijos, todo lo que aprendimos tenía una aplicación práctica, lo cual fue la clave para lograr el cambio.

Eso es un facilitador, no un maestro.

## EL GRUPO DENTRO DEL GRUPO

Casi desde el inicio, me di cuenta de algo inesperado y preocupante que sucedía en mis grupos de Mentoreo Radical. Descubrí que me conectaba mejor con algunos que con los demás. Ellos parecían "captarlo" de una manera especial. Cuando compartían lo que habían aprendido del libro asignado para ese mes, parecían haber profundizado más, pensado un poco más acerca del tema, y presentado un plan de acción más poderoso y amplio.

Estos varones hacían las mejores preguntas, y cuando yo respondía, los veía tomando apuntes en sus cuadernos. Siempre hacían su tarea. Siempre eran puntuales. Podían recitar las Escrituras asignadas sin ningún problema.

Pero más que todo eso, simplemente parecía que los amaba, y ellos parecían amarme a mí, un poco más que los demás. Expresaban un sentir más profundo de gratitud por lo que estaban recibiendo y por lo que yo estaba invirtiendo en ellos. Hacia el final del año, ellos comenzaban a decirles a sus amigos: "Oye, tienes que hacer la solicitud para el grupo de Mentoreo Radical que Regi Campbell hace. ¡Te cambiará la vida!"

Este "grupo dentro del grupo" se ha convertido en un elemento fijo. Cada año por quince años (y estoy seguro de que sucederá otra vez este año), uno, dos, o tres de los mentoreados son especiales. Sencillamente lo captan en un nivel más profundo, y ellos y yo desarrollamos un vínculo más profundo que los demás en el grupo. Años después de que estos grupos se gradúan, estos varones del grupo-dentro-del-grupo se mantienen en contacto conmigo, oran por mí, y de alguna manera, me mantienen involucrado en sus vidas.

Al principio, me sentía muy culpable por dejar que esto sucediera. ¿Cómo era posible que favoreciera a uno más que a otro? Esto no es democrático... ¡Rayos, tal vez ni siquiera sea el estilo norteamericano! Pero cuando me di cuenta de las similitudes entre lo que yo hacía y las prácticas de Jesús mientras Él mentoreaba a los doce, supe que estaba bien. Jesús tuvo Sus "tres grandes"... Pedro, Santiago y Juan. Ellos eran Su grupo dentro del grupo.

Realmente no sabemos cómo llegaron a ser tan especiales. Lucas describe cómo fueron los primeros que Jesús seleccionó... Cómo Jesús se subió al barco de Pedro y le guio a conseguir un barco lleno de peces, y luego reclutó a Pedro y sus amigos, Santiago y Juan, para convertirse en "pescadores de hombres". Pero de alguna forma es difícil creer que ellos llegaron a ser tan especiales para Jesús simplemente porque fueron los primeros. Él derrumbó esa teoría cuando dijo algo acerca de que los primeros serán los últimos.

Sabemos que su estatus único no estaba basado necesariamente en su desempeño, ya que Pedro negó el simplemente conocer a Jesús en varias ocasiones. Santiago y Juan, impulsados por la necesidad aparente de estatus y poder, le pidieron a Jesús ser Su número uno y número dos respectivamente. Sabemos que los otros discípulos estuvieron indignados por su intento de conseguir poder, y podemos asumir que Pedro estuvo dentro del grupo que estaba resentido por sus acciones.

Yo creo que estos tres... el grupo dentro del grupo... eran diferentes debido a su amor por Jesús.

Sabemos cuánto Jesús amó a Juan. Se hace referencia a Juan como "el discípulo amado de Jesús", y Su amor fue demostrado de manera única cuando, desde la cruz, Jesús confió a su madre, María, al cuidado de Juan. Conocemos muy poco de Santiago. Sabemos que tuvo mucha pasión... Jesús hizo referencia a Santiago y Juan como "los hijos del trueno" (Marcos 3:17). Y las Escrituras nos dicen que Santiago fue un mártir, el primero de los discípulos en morir. Es más, fue martirizado por Herodes mismo, lo cual nos dice que debe haber estado creando algunos problemas bastante notorios con su enseñanza y predicación.

También creo que Jesús vio a Pedro, Santiago y Juan como los que tenían el mayor potencial.

Pedro había sido avergonzado con sus promesas audaces de lealtad que horas después rompió al negar a Jesús. Sin embargo, fue Pedro quien salió del barco para caminar sobre el agua. De algún modo Jesús vio suficiente potencial en Pedro que lo eligió para liderar la iglesia, le cambió el nombre de Simón a Pedro, que significa "la roca".

Obviamente Jesús había visto un potencial similar en Santiago y Juan. Juan escribió una parte significativa del Nuevo Testamento, más que cualquier otro aparte de Lucas y el apóstol Pablo. Juan vivió más que todos los demás y se convirtió en el patriarca del movimiento antes de su muerte.

Cuando son enlistados los discípulos en el libro de Hechos, Santiago es el segundo en la lista, justo después del líder, Pedro. Esto podría reflejar el liderazgo de Santiago pero también su antigüedad en comparación a Juan.

Santiago y Juan, los "hijos del trueno", junto con Pedro fueron claramente el grupo dentro del grupo de Jesús.

John McArthur escribió:

> Santiago), Pedro y Juan fueron los únicos a quienes Jesús permitió que lo acompañaran cuando resucitó a la hija de Jairo (Marcos 5.37). El mismo grupo de tres fue testigo de la gloria de Jesús en el Monte de la Transfiguración (Mateo 17.1). Santiago estuvo entre los cuatro discípulos que privadamente hicieron preguntas a Jesús en el Monte de los Olivos (Marcos 13.3). Y también aparece incluido de nuevo con Juan y Pedro cuando el Señor urgió a estos tres a orar con Él privadamente en Getsemaní (Marcos 14.33). Así que como miembro del pequeño círculo íntimo, tuvo el privilegio de observar el *poder* de Jesús al resucitar a alguien que había muerto, vio su *gloria* cuando Jesús se transfiguró, vio la *soberanía* de Cristo en la forma en que les reveló el futuro en el Monte de los Olivos, y vio la *agonía* del Salvador en el huerto.[4]

MacArthur continúa diciendo que estos tres fueron preparados especialmente para que su fe fuera fuerte a la luz del sufrimiento futuro y el martirio que enfrentarían.

Lo que es realmente maravilloso es que nunca he sentido celos ni hostilidad de parte de los otros varones cuando el "grupo dentro del grupo" emerge. Supongo que eso confirma, al menos para mí, que es algo de Dios.

# BENDICIONES DEVUELTAS AL MENTOR

Como dije al inicio, no soy teólogo… no soy un erudito de la Biblia. Pero sí sé que uno de los misterios más grandes acerca de Jesús fue el ser completamente humano y al mismo tiempo completamente Dios.

Cuando considero los cuatro eventos principales a los que se refiere MacArthur, puedo ver cómo el Jesús humano deseaba compañerismo el tener a Pedro, Santiago y Juan ahí con Él en Su momento más glorioso (cuando fue transfigurado), en uno de Sus momentos más asombrosos (cuando Él resucitó a la niña de la muerte), uno de Sus momentos más importantes (cuando Él les reveló el futuro en el Monte de los Olivos), y uno de Sus momentos más oscuros (cuando les pidió que velaran mientras Él oraba pidiendo una salida en Getsemaní). Estas cuatro instancias fueron momentos muy emotivos para Jesús el hombre. ¿Quién mejor para estar junto a Él que Sus amigos más cercanos?

Al observar mi vida hoy, los más cercanos a mí… aquellos cuya presencia disfruto más en momentos de alegría, desafío, logro y de dolor… son aquellos varones en quienes he invertido.

Y Dios me ha sorprendido al usar a estos varones para bendecirme a mí y a mi familia en maneras que solo Él pudo haber visionado y diseñado.

Si deseas tener amigos genuinos quienes estarán ahí toda la vida… varones que Dios usará para bendecirte sin medida, entonces lidera un grupo de Mentoreo Radical. Invierte desinteresadamente en un grupo de varones de gran potencial. Los amarás y ellos te amarán. Observa lo que Dios hará a través de ti, y no te sorprendas cuando Él utilice a esos varones para bendecirte de vuelta con amor y compañerismo.

# CAPÍTULO CUATRO

## ESCOGIDOS PARA
## LA HISTORIA

Jesús es nuestro mentor modelo. Y Él, de entre cientos de seguidores y miles de aficionados, escogió a doce discípulos en quienes invertir... para que fueran Su legado vivo... para crear y construir la iglesia. No sabemos cómo Jesús escogió a Sus mentoreados aparte del hecho de que oró por más tiempo acerca de esta decisión que por cualquier otra cosa. Tenemos informes de testigos presenciales, de personas que estuvieron allí cuando Él les hizo la pregunta, pero no tenemos más.

Sabemos que hubieron más de doce de donde escoger, pero ¿Cómo decidió?

Y ¿Por qué doce? ¿Por qué esos doce? ¿Cómo decidió a quién escoger?

Y ¿Qué podemos aprender en cuanto a quién escoger, o a cuántos, así como Jesús lo hizo?

Abordemos la pregunta fácil primero... la pregunta de ¿Cuántos?

# EL NÚMERO CORRECTO ES...

Nos enfocamos en lo grande. Más. Más siempre es mejor que menos... ¿Verdad?

Las iglesias, tal vez más que cualquier otra institución, siempre están enfocadas en "cuántos". Si no son números grandes, entonces no está funcionando. Si los números no están aumentando, entonces algo anda mal.

Si eres un cristiano vocacional que está trabajando en una iglesia local, mientras lees esto quisiera que consideres una manera de pensar totalmente nueva en cuanto a hacer discípulos y hacedores de discípulos. Jesús comenzó pequeño. Un grupo. Doce varones. Sin importar cuán grande sea tu iglesia, no hay nada de malo con empezar pequeño. El tamaño de tu esfuerzo de mentoría dependerá de la cantidad de mentores de alta calidad que puedas atraer, al igual de la cantidad de mentoreados que invites a hacer la solicitud. El Mentoreo Radical no debe anunciarse desde la plataforma. En cambio, los mentores y mentoreados deben ser invitados con mucha oración y cautela. Tú y tu equipo deberían revisar las aplicaciones, y luego seleccionar con oración y cautela a aquellos que participarán para la siguiente temporada. No tienes que decirle "no" a un solicitante, pero tal vez tengas que decir "después".

Si a Jesús le era irrelevante cuántas personas había "en la multitud", ¿Cómo llegamos a estar tan enfocados en los números? Podría ser que la raíz está en nuestras dudas referente a la fe. Pensamos: "Si hay más personas haciendo lo que estamos haciendo y creyendo lo que estamos creyendo, entonces las probabilidades son mayores de que estemos en lo correcto, de que sea verdad y de que no somos tontos". Pero esa es solo una posibilidad. ¡Una explicación más probable es que queremos que todos sean cristianos, discípulos y destinados al cielo! Sumar a nuestros números se siente como un éxito, así que más grande siempre es mejor, ¿Verdad? No tan rápido. Como hemos aprendido del estudio "Revelar" de *Willow Creek* y las experiencias de otras iglesias atrayentes, los números grandes pueden ser engañosos. Las personas pueden desarrollar un sentido falso de seguridad eterna... al únicamente conocer *acerca* de Jesús sin realmente *conocer* a Jesús. Los grupos de Mentoreo Radical edifican una fe fuerte y sostenible en hombres para que ellos puedan hacer lo mismo para aquellos que mentorean, y así sucesivamente.

¿Cómo decidió Jesús que Su grupo sería de doce? ¿Por qué nosotros recomendamos grupos de no más de ocho personas? Déjame explicar.

Los fariseos y saduceos constantemente atraían multitudes grandes, pero esa era la ley. Tenías que estar ahí. Pero a Jesús no le gustaba eso. Él estaba trabajando con los doce, y si otros querían acompañarlos o escuchar, excelente. A veces el grupo que se juntaba era relativamente pequeño. En otras ocasiones crecía hasta los miles.

Solo puedo hacer suposiciones basado en mi propia experiencia de cómo Jesús escogió doce como el número de discípulos. En mi primer grupo de mentoreo, escogí a diez varones. Yo quería tener ocho, y había reducido las opciones a ocho. Sentí que en un año, podría realmente llegar a conocer a cada uno de los varones en un grupo de ocho, y entre ellos podrían llegar a conocerse. A diferencia de Jesús, donde Él vivía y viajaba con Sus discípulos las veinticuatro horas del día, los siete días de la semana, yo veía a estos varones y conviviría con ellos solo una vez al mes. Y Jesús tenía pensado tres años de mentoría... yo estaba pensado solo en un año.

¿Ya mencioné que mentorié a diez varones el primer año, a pesar de que quería solo ocho?

¿Por qué? Buena pregunta.

La respuesta... no tuve el valor de decirles que no a los otros dos. Debí haberlo hecho. De hecho, los dos varones que crecieron menos y que estuvieron menos comprometidos al proceso eran los dos varones que agregué al grupo por no haberles dicho que no.

Como ves, no tenemos ningún registro de que Jesús rechazara a algún candidato para ser "discípulo de Jesucristo". Sabemos que Él tuvo muchos seguidores. Sabemos que oraba mucho y arduamente antes de hacer Su selección. Podemos asumir que muchos de Sus seguidores hubieran dicho que sí a la oportunidad de llegar a ser uno del círculo íntimo de Jesús, de sanar a las personas y hacer milagros, y potencialmente sentarse a la mano derecha del próximo rey de los judíos.

## LO OPUESTO AL RECHAZO

Cuando elijo mentoreados, tengo que lidiar con la realidad de que no elegí a otros. Eso es difícil, particularmente a la luz de la inclinación de la iglesia hacia "más, más y más".

Piensa en un solo programa en la iglesia donde no puedes simplemente registrarte. Hay muy pocos. Generalmente, si quieres apuntarte para algo, estás adentro. Tal vez se trate de "primero en llegar, primero en ser servido" y no todos logren entrar por el espacio o limitaciones del personal, pero es muy raro en la iglesia de hoy día.

Chris, quien estuvo en mi tercer grupo, dice acerca de ser "seleccionado": "Yo sentí que tú tomaste el tiempo para orar y saber si Dios te estaba mostrando que me podías ayudar a crecer. Si hubiera sido algo como 'llena la aplicación – y los primeros ocho en llegar son aceptados', simplemente no hubiera tenido el mismo impacto".

Otro de mis mentoreados, David, añade: "Sin esa selección personal, me hubiera sentido como una carga. Hubiera luchado por sentirme aceptado por el grupo y por ti".

J. D., otro mentoreado, dice:

> Mientras yo crecía, fui muy activo en los deportes. Mi

deporte de elección llegó a ser el fútbol, y me convertí en un buen jugador. Varias veces en mi carrera tenía que participar en las pruebas para equipos de selección, y en cada ocasión fui elegido. La idea de ser seleccionado en una prueba siempre fue un sentimiento especial. Sin embargo, hubo dos ocasiones cuando se sintió increíble al lograr entrar a un equipo. En ambas ocasiones fui seleccionado personalmente por el entrenador para hacer la prueba. Una vez seleccionado para el equipo, era un sentimiento muy difícil de describir, y no lo había sentido en mi vida de adulto hasta el Mentoreo Radical.

# CONECTADO CON TU PROPÓSITO

Jesús nos demostró al menos tres propósitos con Su elección de personas.

Primero y más importante, yo creo que Él eligió varones por su potencial en el Reino. Como dije anteriormente, Sus resultados fueron asombrosos... once varones... dos mil millones de cristianos.

¿Eran los más talentosos? ¿Más espirituales? Probablemente no. Pero de alguna forma, Jesús vio su potencial. Le siguieron a Él con lealtad firme hasta el final. Escucharon. Practicaron lo que Él les enseñó. Hicieron preguntas.

Estos mentoreados sabían acerca del Mesías venidero y Su propósito… establecer el Reino de Dios con las personas de Israel. Cuando vieron a Jesús hacer milagros, levantar a los muertos, y cambiar el agua en vino, ellos querían ser parte de lo que Él estaba haciendo.

Una vez Jesús señaló cuán bendecidos eran... de ser testigos visuales de lo que el Padre hacía a través de Él, y les hizo recordar que las generaciones futuras no podrían ver lo que ellos estaban viendo. Él quería que captaran, que comprendieran, lo que estaban experimentando – su significado e importancia.

Cuando yo escojo a varones para mis grupos de Mentoreo Radical, intento encontrar varones con una visión para sus vidas. En realidad, me alegra si su visión está toda desordenada. Es ahí entonces donde puedo añadir valor.

Pete estuvo en mi primer grupo. Un áspero y rudo inmigrante Ruso, Pete escribió: "Yo me visualizo con un patrimonio de cien millones de dólares".

Él estaba dentro. Él es exactamente el tipo de hombre con quien quiero relacionarme. ¿Por qué?

Porque yo gasté los primeros doce años de mi vida laboral persiguiendo mecánicamente una meta que ni había analizado. Yo quería "subir la escalera lo más alto y rápido posible". Pete, como yo, nunca había pensado en qué significaba eso. ¿Qué haría con tanto dinero? ¿Cómo le ayudaría a ser mejor esposo y padre? ¿Cómo se podría usar para engrandecer el Reino? Simplemente era un número.

Ya que yo conozco mi propósito y he tenido la experiencia de vivir tanto con y sin propósito, puedo ayudar a hombres más jóvenes a analizar el motivo por el cual están viviendo. Y ya que mi propósito es glorificar a Dios, ojalá pueda ayudarles hacia ese propósito también.

Al seleccionar a los mentoreados, estamos buscando futuros líderes porque Dios eligió equiparnos para ser líderes. Yo creo que Dios usa mi inversión en líderes más que con seguidores. Por ende, intento escoger varones que son misiles, aún si no son misiles con *dirección*. Como saben decir, no puedes conducir un auto estacionado. Por eso estoy buscando a varones que están *hambrientos*... en movimiento... es decir los que se mueven... varones que quieren crecer, que quieren hacer algo grande, hacer la diferencia.

Ahora, ¿Estás listo para esto? De entre los "misiles", trato de eliminar los candidatos que parecen tener la visión más madura y bien equilibrada de su futuro. Ellos tienen menos necesidad de ser mentoreados. Intento escoger los menos maduros, más necesitados líderes futuros porque ellos son las personas a quien quizá pueda ayudar más.

# NO PERMITAS QUE ELLOS TE ELIJAN

Jesús eligió a los doce. Ellos no lo escogieron a Él.

Esta es una de las lecciones más valiosas que podemos tomar de Jesús. Y uno de los aspectos más contraculturales de convertirse en un mentor como Jesús.

Muchas veces escucho de hombres jóvenes buscando mentores: "¿Podrías desayunar conmigo? Me gustaría hacerte algunas preguntas". Todos hemos estado en ese lugar.

Las Escrituras no pintaron el mentoreo de Jesús de esa forma. De hecho, podemos visualizar al gobernante joven rico mientras se acercaba a Jesús. Capaz que estaba diciendo, y estoy parafraseando: "Yo soy un buen muchacho. Yo he obedecido los mandamientos. ¿Qué haría falta para que yo me una al grupo, para seguirte, para convertirme en uno de Tu círculo íntimo?"

Podemos imaginarnos a Jesús… leyendo los motivos del joven a partir de su expresión de interés en el reino. "Muy bien, anda y vende todos tus posesiones y regresa a verme".

Fin de la conversación.

No estoy diciendo que todo joven que busca un mentor tiene los motivos equivocados... o incluso motivos egoístas. Pero podemos estar seguros de que tienen *múltiples* motivos. Proverbios 16:2 dice: "Todos los caminos del hombre son limpios a sus ojos; pero el Señor juzga los motivos". Eso está con una "*s*"... en plural.

Sí, tal vez quiera consejos de cómo vivir para Dios, pero tal vez también quiera acceso a la red de amigos o patrocinadores financieros del mentor. Tal vez quiera ser conocido como "un amigo de _____, que es el dueño de _____ o trabaja con _____". En tu iglesia, tal vez quiera que le conozcan como un futuro líder, de haber sido mentoreado por ti. Entonces el estatus podría ser un motivo. Él tal vez vea al mentor potencial como un patrocinador financiero para una idea de negocios o como alguien que le pueda ayudar a salir adelante en su carrera.

Me encanta Proverbios 16:2 porque me recuerda que Dios me ama aún si tengo motivos múltiples. Compré una balanza antigua para mi oficina para recordarme que siempre tendré diversos motivos para las cosas que hago. Pero desesperadamente quiero que mis motivos enfocados en Dios estén en la cima... que triunfen sobre los demás.

Cuando yo escojo a los varones para mi grupo, son *mi* idea. Guiado por Dios, con oración, yo tomo esas decisiones.

Me he equivocado en este aspecto también. Como mencioné anteriormente, cuando estaba formando mi primer grupo, había elegido a ocho varones y estaba listo para empezar. Pero entonces una conocida llamó. "Regi", me dijo, "mi esposo tiene tanta necesidad de un mentor. Por favor permite que se una a tu grupo".

Yo sabía que quería un número par de mentoreados para poder separarlos en parejas (como lo hizo Jesús). Entonces el añadir a su esposo significaba que tenía que agregar a otro más. Entonces el grupo creció de ocho a diez.

Adivina quiénes obtuvieron lo mínimo del grupo. Adivina quién llegaba tarde. Adivina a quién le gustaba hablar más que escuchar. Acertaste.

Me adhiero al axioma de "nunca formes un principio basado en tu propia experiencia". Pero cuando miro el enfoque proactivo de Jesús, cuando miro el éxito de los grupos que he liderado después de ese primero, estoy convencido que yo debo elegirlos y no ellos a mí. Los que están interesados aplican para el programa de mentoreo y luego yo selecciono a mi grupo de entre los solicitantes.

Jesús tuvo muchos discípulos. Yo creo que Él consideró a todos los "solicitantes" potenciales, sin embargo, Él escogió a los doce por Su propia voluntad, no la de ellos.

# PERMITE QUE DIOS SEA TU CONSEJERO

Cuando Jesús escogió a Sus mentoreados, Él buscó el consejo de Su Padre Celestial. Sabemos que Él oró toda la noche antes de hacer Su elección, lo cual es el tiempo de oración más largo que la Biblia registra. Esta era una decisión muy seria, y Jesús le dio el tiempo que se merecía.

No sabemos cuanto se relacionó con cada uno de ellos antes de que los seleccionara, pero sí sabemos que tomaba en serio estas decisiones con el Padre. Tampoco parece que Él revisaba las referencias de cada uno de ellos. Escogió a los doce que Su Padre lo guio a escoger. Punto.

Es una tarea desalentadora mirar las aplicaciones de diez a doce varones y decidir a cuáles ocho mentorearé. Siempre uno o dos quieren reunirse para aprender más acerca del Mentoreo Radical o para diferenciarse de los otros candidatos. Siempre rechazo estas peticiones. No quiero ser influenciado de una u otra forma por la química personal. Quiero escoger a los varones a los que Dios me guíe... no aquellos con quienes tal vez disfrute más.

Jesús ignoró el estado religioso de Sus mentoreados, y yo también. No hace ninguna diferencia para mí cuando un candidato potencial hace una referencia de ser un diácono en su iglesia. No considero logros educativos, el estatus económico, o incluso la reputación. Mi intención es ayudar a cada uno a llegar a ser un hombre más piadoso y un mejor líder al vivir la "vida de Dios". Quiero encontrarme con cada varón justo en donde está y ayudarle a caminar hacia delante.

No reviso referencias. No hablo con las personas que conocen a estos hombres. Si alguien recomienda a un alguien para mi grupo, simplemente hago que el integrante potencial me envíe un email. Guardo ese email y lo invito directamente a que haga la solicitud cuando empiezo el proceso el siguiente año.

El principio aquí es dejar que Dios una el grupo. Al permitirle a Él liderar, al no permitir que se convierta en un concurso de belleza o una competencia de personalidad, soy más dependiente en Él para incluir y excluir a quienes Él quiere que mentoree.

Si estás supervisando este proceso en una iglesia, aquí hay unas maneras para establecer los grupos. En nuestra iglesia, nuestro director de grupos de hombres organizó los grupos por datos demográficos, considerando el estado civil, la edad y el lugar donde viven como factores principales. *(Nunca pongas a hombres casados en el mismo grupo con hombres solteros. No funcionará. Hombres solteros tienen situaciones y perspectivas completamente diferentes y lo mejor es que sean mentoreados por un hombre soltero maduro quien se siente cómodo con su soltería presente o un varón casado con pasión por los solteros).* Se oraba por estos hombres y mentores y se les agrupaba de manera objetiva y un tanto impersonal. Funcionó excelentemente..

La otra manera es conducir un "reclutamiento", como en las ligas pequeñas de béisbol. El personal de la iglesia junta todas las solicitudes y las envía a los mentores. Ellos las leen, oran por ellos y después se juntan y escogen sus varones en varias rondas, ¡Tal cómo en la NFL! Eso funciona excelentemente también. Al final del día, encontrarás que Dios une los grupos de maneras que realmente te sorprenderán.

## EL COMPROMISO ES UN REQUISITO

Mientras lees las solicitudes de los mentoreados, intenta evaluar el "hambre"... el nivel de compromiso de los integrantes potenciales.

Cuando invito a hombres a registrarse para entrar a mi grupo de Mentoreo Radical, firman un pacto que incluye esta cláusula:

> Me comprometo a asistir a cada reunión y retiro, a estar ahí puntualmente y a tener mi tarea completada. Sin excepciones, a menos que se presente un obstáculo *providencial*. Entiendo y estoy de acuerdo en que tendré que decir "no" a otras cosas importantes con el fin de cumplir este compromiso, y estoy dispuesto a hacerlo. Estableceremos nuestra agenda para todo el año en nuestra primera reunión. Gestionaré mis otros compromisos en torno a las fechas seleccionadas para las reuniones y retiros.

¡Eso es compromiso!

Cuando Jesús invitó a Pedro, Santiago, Juan, Mateo y a los demás, Él les pidió compromiso. Los pescadores dejaron caer sus redes. El cobrador de impuestos dejó su mesa. Ellos lo siguieron… Un compromiso increíble.

Jesús llamó a Sus seguidores a ese tipo de compromiso. Recuerda cuando Jesús llamó a un hombre a seguirle. Pero este hombre dijo: "Primero déjame ir a enterrar a mi padre" (Lucas 9:59). Y otro dijo: "Primero déjame despedirme de mi familia" (Lucas 9:61). Jesús fue inflexible. Cuando Él utilizó la palabra "primero", dijo: "Busquen *primeramente* el reino de Dios y Su justicia, y todas estas cosas les serán añadidas" (Mateo 6:33), lo decía en serio. Jesús quiere compromiso total, y ¡Quizá para ocho varones comenzará en tu grupo de mentoreo!

Esa clase de compromiso ha desaparecido del panorama del "mundo de la iglesia" en nuestros tiempos. Pero es una de las claves para el éxito del Mentoreo Radical.

# EDUCABILIDAD

Yo creo que Jesús seleccionó a Sus mentoreados porque eran enseñables. No se les había lavado el cerebro con el fin de entrar en el sistema religioso de su época; de lo contrario, ya habrían sido discípulos de algún otro rabino.

Estos eran hombres comunes con sentido común. Ellos eran personas laicas, tal como Jesús. Estaban listos para aprender, y Jesús vio eso en ellos.

Conforme selecciono a mis mentoreados cada año, los confronto con este desafío, otra vez parte del pacto que ellos firman:

> Recibiré retroalimentación y crítica constructiva, irecta y sin filtrar. Haré todo lo que pueda para aceptarla con amor y aprender de ella. Evitaré estar a la defensiva, porque entiendo que cuando me defiendo pierdo la oportunidad de aprender. Me comprometo a estar dispuesto a examinarme yo mismo – mi personalidad, mi pasado, mis hábitos, mi enojo y mis reacciones a las personas. Quiero aprender. Quiero cambiar, quiero ser más como Jesucristo con cada fibra de mi ser. Ahí están Santiago y Juan, caminando por el sendero detrás de Jesús, discutiendo acerca de quién será el más grande en el reino venidero. Jesús les confronta acerca de sus planes grandiosos y les dice que si quieren ser grandes tienen que convertirse en siervos.

Ahí están Santiago y Juan, caminando por el sendero detrás de Jesús, discutiendo acerca de quién será el más grande en el reino venidero. Jesús les confronta acerca de sus planes grandiosos y les dice que si quieren ser grandes tienen que convertirse en siervos.

Si hubieran sido hombres testarudos y menos educables, eso los habría hecho estallar. Hubieran abandonado de prisa el escenario. Pero Santiago y Juan escucharon. Permanecieron en el juego. Y sabemos que Juan sí se convirtió en siervo, tomando la responsabilidad de servir a la madre de Jesús después de la crucifixión.

# UN CORAZÓN PARA AYUDAR A OTROS

Cuando tuve la idea de mentorear en un grupo pequeño y comencé a estudiar las Escrituras para ver qué hizo Jesús, la frase "Les haré pescadores de hombres" realmente me sacudió. Aquí había un requisito directo y sin restricciones de que el discipulado no se debía detener con ellos. Desde el principio, ellos sabían que no se trataba solamente de hacerles mejores hombres, era para que ellos ayudaran a los demás con lo que Jesús estaba invirtiendo en ellos. Así que puse otro requisito en el pacto de Mentoreo Radical...

> Me comprometo, en el momento cuando el Señor me indique que estoy listo, a escoger algunos hombres y yo mismo lideraré un grupo como este.

Profundizaremos más en cuanto al pacto en el capítulo 10 y en cuanto a ayudar a otros y ser parte de la "cadena de favores" en el capítulo 11. Pero es importante entender porqué el mentoreado en quién más quiero invertir es el que está comprometido, hambriento de aprender y ansioso de convertirse en un hacedor de discípulos. Los sabelotodos, tibios, y egocéntricos no deben molestarse en llenar la solicitud.

# CAPÍTULO CINCO

## EMPEZANDO AHORA,
## TERMINANDO DESPUÉS

La primera vez que intentamos comenzar un ministerio de mentoría en nuestra iglesia fue a principios de 1990. Como mencioné anteriormente, reunimos a varios cientos de hombres con la intención de conectarlos uno a uno… los más jóvenes con los más adultos… los menos maduros con los más maduros.

Conforme solicitamos a los hombres mayores a convertirse en mentores, las mismas preguntas seguían surgiendo: ¿En qué me estoy involucrando? ¿Por cuánto tiempo va a durar esto? ¿Qué tipo de compromiso estoy haciendo?

Muchos hombres se alejaron porque no pudimos responder esas preguntas, y no los culpo. "Me estás pidiendo que acepte ser un mentor, lo cual no sé cómo hacer. Después, me estás pidiendo que mentoree a alguien que no conozco. No puedes decirme cuánto tiempo va a tomar. ¡Y no puedes decirme cuánto va a durar esto!"

Eso es difícil de vender.

He descubierto lo increíblemente valioso que es establecer una fecha específica de inicio y finalización para la mentoría.

Claro, las relaciones continuarán después de ese tiempo, pero resultan naturalmente… y el mentoreo sucede como fruto natural de esa relación.

Cuando miramos a Jesús, vemos que Él solo mentoreó a Sus discípulos por aproximadamente tres años, por ende debe haber algo de valor en la mentoría por un tiempo definido. Jesús podría haber dejado el taller de carpintería cuando Él quiso. Podría haber comenzado a enseñar y mentorear a los veintiocho años en lugar de a los treinta… o incluso a los veinticinco. Sabemos que Él estuvo pasando el rato con los mejores eruditos a los doce años, entonces Él sabía de qué hablaba. Y si lo piensas desde una perspectiva terrenal, Él era un increíble mentor para tener solo treinta años.

Jesús inició Su mentoreo cuando invitó a Andrés y a Simón (Pedro). Después reclutó a Santiago y Juan del negocio de pesca de su padre. A estos cuatro, añadió a Mateo y los otros. No sabemos qué edad tenían estos hombres, pero sí sabemos que entraron en una experiencia de mentoría intensa y enfocada cuando "dejaron sus redes" y siguieron a Jesús. Todo comenzó con "sígueme" y terminó con "consumado es"… o al menos eso pensaron.

## ¿CUÁNDO EMPIEZAS?

Yo creo que complicamos demasiado el trabajo de mentorear. Cuando tienes treinta años, puedes mentorear a personas de veinte. Cuando tienes veinticinco, puedes potencialmente ser un mentor fabuloso a alguien de dieciocho. Pero ¿Cuándo empiezas? ¿Cómo sabes que ya es hora?

Nuevamente, miremos a Jesús.

Ahí está en una boda, acompañado por algunos de Sus amigos y seguidores. Su mamá se acerca a Él en pánico. "Los anfitriones se quedaron sin vino, y la fiesta acaba de empezar. ¡Haz algo, Jesús!"

Jesús estaba renuente. Le dijo a Su mamá: "Todavía no ha llegado mi hora" (Juan 2:4).

No estaba seguro de que era hora de empezar Su ministerio. No sabemos el porqué no estaba seguro, y tratar de adivinarlo nos lleva directamente al misterio de que Jesús es completamente hombre y completamente Dios al mismo tiempo.

Como ser humano, puede ser que Jesús tuvo temor. Supo por mucho tiempo que era especial, que Él estaba aquí por un propósito único. Pero en el momento, cuando fue confrontado públicamente para empezar algo que nunca había hecho, hubo una pausa. No es que Jesús estaba pensando en retroceder o en retirarse. Sin embargo, asumir el rol de hacedor de milagros, Mesías, Hijo de Dios, tuvo que ser abrumador.

El Padre le puso en esa situación, y Él respondió. Dijo sí. Actuó. Dijo: "Tráiganme tinajas llenas de agua", y Su ministerio empezó.

Puede que ahora mismo, leyendo este libro, leyendo esta página, aquí en el capítulo 5, sea tu momento. Quizá Dios te está diciendo: "Tu hora ha llegado. Levántate de la banca y entra en el juego. Deja de pensar en ti, y comienza a invertir en la siguiente generación".

Quizá tengas dudas.

"¿Soy lo suficientemente maduro?"

"¿Habrá alguien que quiera que yo sea su mentor?"

"¿Podré realmente ayudar a alguien?"

Si esperas, estarás haciéndote las mismas preguntas cuando tengas ochenta y cinco años. Y te habrás perdido la oportunidad de tu vida… la oportunidad de dejar un legado viviente de seguidores de Jesús.

# LA PRESIÓN DEL TIEMPO TRAE ENFOQUE

He citado la Ley de Parkinson por años aún sin estar seguro quién es Parkinson. Dice así: "El trabajo se expande hasta llenar el tiempo disponible para completarlo". Si tenemos doce meses para enseñar a personas más jóvenes lo que hemos aprendido, entonces tomará doce meses. Si tenemos tres años, entonces tomará tres años. El tiempo es un jefe increíble. Cuando el tiempo es limitado, agarramos lo esencial. Nos enfocamos. Resolvemos lo que vamos a hacer y lo hacemos.

La presión del tiempo funciona tanto para el mentor como para los mentoreados. Como un mentor y un líder en la iglesia, veo este periodo limitado de tiempo, esta pequeña cantidad de reuniones, como un tesoro. La escasez aumenta el valor. Miro todas las cosas posibles de las que podríamos hablar o debatir y escojo las mejores, las áreas en donde se siente una necesidad en las vidas de hombres que yo, siendo un hombre más adulto y sabio, podría añadir valor. He escuchado a mis mentoreados decir: "Quiero sacar todo el provecho que pueda de esto". Así que la presión del tiempo aumenta el enfoque de los mentoreados también.

Solo considera las partes de lectura que tenemos en el Mentoreo Radical.

Una encuesta Harris reciente reveló que el 38% de hombres norteamericanos leen menos de tres libros por año; el 9% leen cero libros. En el mundo digital de hoy, menos y menos personas leen. Y aquellos que sí leen están leyendo lo novedoso del día.

Entonces considera que las personas que participan en grupos de Mentoreo Radical leen de nueve a doce libros en un año. Y en

Mentoreo Radical, cada libro que se lee tiene un propósito claro. Están relacionados con la meta de ayudar a los mentoreados a llegar a ser hombres piadosos. Cuando leen Ponga en orden su mundo interior por Gordon MacDonald, están aprendiendo a manejarse ellos mismos desde una perspectiva centrada en Dios. Y cuando leen *Las acciones dicen mucho más que las palabras* por Andy Stanley están aprendiendo como el carácter tiene un impacto en todas las demás áreas de tu vida. Los libros añaden al tema del libro anterior, comenzando con la manera en que vemos a Dios, continuando con la manera en que nos vemos a nosotros mismos y terminando con cómo nos relacionamos con nuestras esposas, hijos y los demás. Es lectura con un propósito.

Una parte fundamental del programa está enfocado en cómo leen los mentoreados. Queremos que lean con el fin de aplicar lo leído. Obligarlos a escribir un resumen de una página con lo esencial del libro significa que tienen que concentrarse y considerar lo que el autor tiene que *decirles*. ¿Cuál es el alimento para llevar? ¿Cómo puede ayudarme esto?

En cierto sentido, este enfoque a la lectura es una extensión de "comienza ahora, termina después". Casi nunca leemos un libro dos veces. No en realidad. Necesitamos obtener lo que queremos la primera vez, y pedir que hagamos un resumen del libro, eso trae concentración.

Pero ¿Cómo se le "obliga" a alguien a escribir un resumen de un libro? ¡Vamos, son adultos! Ellos te pueden decir que "no vengas a molestar" y nunca escribir ni una sola palabra.

La respuesta es la presión social. Cuando un grupo de ocho hombres están reunidos con un mentor a la cabeza de la mesa, ¡Tú no quieres ser el que no traiga el resumen de lo esencial! Y al requerir que cada persona traiga una copia de su resumen para cada persona del grupo, agrega la evidencia visual. Si no tienes copias de tu resumen para todos, entonces la suposición silenciosa es que tú no hiciste el resumen. Y si es que no hiciste el resumen, entonces la suposición silenciosa es que no leíste el libro. Eso nos golpea justo donde todos tenemos un nervio de justicia propia… o… llámalo ecuanimidad. "Si yo leo el libro, entonces tú tienes que leerlo. ¡Por favor! ¡No es justo que yo lo tenga que leer y tú no!"

Presión social.

En los quince años de liderar grupos de esta manera, aproximadamente 1,320 libros han sido asignados para leer. Puedo recordar menos de 10 casos cuando un mentoreado no leyó el libro y no presentó un resumen. Eso es buen cumplimiento. Y yo le doy a la presión social bastante crédito.

La dimensión de la lectura en la mentoría tiene un elemento más: el debate grupal. Cuando mi grupo dialoga sobre un libro, compartimos lo que sacamos del libro… lo que aprendimos… lo que planeamos aplicar. No somos un club de lectura. No bromeamos con nuestras críticas del libro o del autor. No se trata de eso. A nosotros nos interesa la aplicación. ¡Estamos buscando los principios! ¿Qué de lo que dijo este autor me puede ayudar a convertirme en el hombre que Dios quiere que sea?

Mientras damos la vuelta a la mesa y cada mentoreado comparte lo que ha aprendido, cada uno añade algo más a lo dicho por la persona anterior. Obviamente, lectores diferentes "oyen" cosas distintas de las mismas páginas. Es fascinante ver la diversidad de aplicaciones que se sacan del mismo libro.

A través de la asignación intencional de libros, el requisito de un resumen escrito, la disciplina de tener que leer un libro al mes y el enfrentarse a la presión del grupo de presentar sus conclusiones de cada libro, se logra formar un buen hábito de lectura.

"El leer se convirtió en un hábito", dice Mike. "Cuando el grupo finalizó, de inmediato fui en busca de otro buen libro para leer y mantuve el mismo proceso de resumirlo y organizar los puntos esenciales para usar en el futuro. Leer y aprender las cosas que hicimos me acercó más a Dios, y desde entonces he mantenido la misma disciplina".

Las personas se estimulan con el aprendizaje. Los mentoreados son estimulados durante la etapa del mentoreo y la mayoría continúan aprendiendo por mucho tiempo aún después de que el periodo intensivo del mentoreo se haya terminado. Recuerda, discípulos son aprendices y seguidores. El discipulado es un esfuerzo de aprendizaje de por vida.

Por supuesto, vemos que Jesús hizo lo mismo. Él usó el tiempo que tenía para lograr el máximo aprendizaje e impacto para Sus discípulos. No tenemos ningún registro de que haya profundizado mucho en teología. Los discípulos claramente conocían las Escrituras y parecían conocer las profecías a las que Jesús hizo referencia y cumplió. Él habló mayormente acerca de las cosas que sabía que ellos necesitaban oír... el dinero, matrimonio, el perdón, relaciones.

## EL FINAL (EL PRINCIPIO)

Al final de cada año de mentoría, siempre tengo una sensación de cumplimiento y finalización, aunque también siento tristeza porque el tiempo ha terminado. Líderes y aprendices siempre se están preguntando: "¿Qué sigue?" Después de doce meses hemos completado el curso... hemos terminado la carrera.

Pero ¿Hemos terminado?

La sorpresa personal más grande que ha surgido del mentoreo ha sido la profundidad del amor y la amistad que se ha desarrollado con y entre mis mentoreados. Nunca fue mi intención sacar algún provecho de ello. No estuve buscando nuevas amistades, pero Dios me ha bendecido con un exceso de increíbles amigos jóvenes de entre los varones que he mentoreado. Y aunque la parte formal de la Mentoreo Radical se haya acabado, algunos de ellos se mantienen en contacto.

Normalmente son aquellos del grupo íntimo dentro del grupo más grande, aquellos que lo captaron y se conectaron conmigo y con Dios de una manera nueva y especial.

Entonces ¿Cómo se ve eso? ¿Qué sucede en realidad después de que culmina? Aquí está mi lista:

- Recibes montones de cartas de Navidad... todas con fotos de sus familias. (Y leerás, guardarás y atesorarás cada una - ¡Algo nuevo para mí!)
- Recibes llamadas cuando sus esposas quedan embarazadas... cuando nacen sus bebés.
- Recibes llamadas cuando estás enfermo, y orarán genuinamente por ti.
- Te incluyen en sus vidas. Te llaman cuando son promovidos o reciben un gran aumento. Te llaman cuando se convierten en diáconos y líderes en sus iglesias.
- Te llaman cuando necesitan ayuda. Cuando hay una decisión grande en sus trabajos o cuando están considerando un cambio de trabajo, llamarán para recibir un consejo.
- Dios usa a los varones en los que inviertes para *amarte de vuelta*.

Quizá esta última es la más grande y la que nunca me esperaba. Pero *yo sé* que estos varones me aman. Se mantienen en contacto, me llevan a almorzar, me invitan a ir a eventos deportivos. Ellos me aman, y me lo hacen saber.

Si eres hombre, detente ahora mismo y haz una lista de amigos varones *quienes de verdad te aman.*

Si yo no agregara los nombres de los varones a quienes he mentoreado, la mía sería una lista muy corta. Y apuesto a que la tuya también lo sería.

Esto es claramente una cosa dada por Dios. ¿Qué mejor regalo nos puede dar Dios que poner en nuestras vidas a hombres jóvenes piadosos que nos aman y se preocupan por nosotros? Aparte de nuestras esposas y familias, no puedo pensar en nada más.

Mientras que la parte intensiva del Mentoreo Radical comienza y termina, el amor de Dios, vivido en las vidas de las personas en quienes inviertes, continúa a través de esta vida y la siguiente. Lo cual es bastante increíble en mi opinión.

# UNA NOTA ADICIONAL DE UN MENTOR

No sería del todo honesto si dejara esto afuera. Trae un poco de gozo cuando ocurre la graduación… un gozo de tener un poco de tiempo libre.

Aunque el Mentoreo Radical toma solo una noche al mes, me encuentro disfrutando de la libertad de unas pocas semanas en las que ni siquiera pienso en mi grupo. Incluso los mejores maestros de escuela disfrutan de sus veranos. Tener un poco de tiempo entre grupos es maravilloso.

# CAPÍTULO SEIS

## VERDAD EN EL CENTRO

Existen muchos mentores famosos que todos reconocemos.

- Sócrates fue mentor de Platón.
- Aristóteles fue mentor de Alejandro Magno.
- Peter Drucker fue mentor de Jim Collins, el autor de *Empresas que sobresalen*
- Andrew Carnegie fue mentor de Charles Schwab, el famoso ejecutivo y financiero.
- Coronel Harland Sanders de *Kentucky Fried Chicken* fue mentor de Dave Thomas, el fundador de los restaurantes *Wendy's*.
- Dell Curry fue mentor de su hijo, Steph Curry.

Cada uno de estos mentores tenía un conjunto de conocimientos...

la *verdad* que habían aprendido, si así lo queremos ver: filosofía, teoría de la gestión, liderazgo empresarial, cómo crear grandes cadenas de restaurantes, cómo jugar baloncesto al más alto nivel. Todas estas relaciones de mentoreo se basaron en la verdad. Esta verdad fue comprendida por el mentor a un nivel más alto y más experimentado que el mentoreado. Y por alguna razón, el mentor decidió compartir su verdad con alguien con menos experiencia que él.

Una parte enorme de la mentoría involucra la transferencia efectiva de la verdad de una generación a la siguiente. El liderazgo es captado, no enseñado. Los hombres que pasan mucho tiempo con otros hombres que personifican a Jesús, que personifican el tipo de persona en quien se quieren convertir... ellos son los mentoreados que "lo captaron" y experimentan crecimiento.

Jesús fue (y es) el máximo mentor. Y está claro que el fundamento de Su vida y Su mensaje fue transferir la verdad a la siguiente generación y todas las generaciones que le siguieron. Miremos esa verdad y cómo se desarrolló en Su vida y trabajo.

## REFORZANDO LA VERDAD HISTÓRICA

Cuando Jesús entró en la historia registrada hace unos dos mil años, mucha verdad ya había sido registrada. La ley del Antiguo Testamento era la ley. Las personas judías la seguían y vivían bajo ella. La ocupación romana creó problemas enormes para los judíos, lo cual los unió de muchas formas mientras intentaban mantener su religión lo más pura posible a pesar de vivir bajo la opresión de Roma.

Jesús fue judío. Jamás intentó ser un no-judío. Cuando se le preguntaba acerca de algunas de las cosas que Él y Sus discípulos hacían, siempre fue respetuoso. Cuando fue desafiado porque Sus discípulos arrancaban espigas y las comieron en el Shabat, hizo referencia a un precedente en la historia judía cuando David comió el pan sagrado del templo.

Cuando Jesús sana a un leproso en Lucas 5:13-14, Él le ordena: "solo ve, preséntate al sacerdote y lleva por tu purificación lo que ordenó Moisés, para que les sirva de testimonio", citando de la ley en Levítico 14:2-4.

En Juan 3:5, Jesús le está describiendo nacer de nuevo a Nicodemo. Dice: "Yo te aseguro que quien no nazca de agua y del Espíritu no puede entrar en el reino de Dios". En ese momento, se está refiriendo a Ezequiel 36:25-27 que dice: "Los rociaré con agua pura, y quedarán purificados. Los limpiaré de todas sus impurezas e idolatrías [...] Infundiré Mi Espíritu en ustedes, y haré que sigan mis preceptos y obedezcan mis leyes".

En otra ocasión, cuando Jesús advierte sobre la maldad que precederá Su segunda venida, Él dice sencillamente: "¡Acuérdense de la esposa de Lot!" (Lucas 17:32).

Él y todos los presentes sabían a qué se refería. No peques... y ni siquiera mires el pecado.

Jesús obviamente aprendió de Sus antepasados, pero no negó la verdad que Dios trajo a la humanidad a través de ellos. Intentó ser claro en cuanto a esto en Mateo 5:17, cuando dijo: "No piensen que he venido a anular la ley o los profetas; no he venido a anularlos, sino a darles cumplimiento". Muchos líderes judíos con muchísimo por perder nunca creyeron esto y lograron que lo mataran.

Cada uno de nosotros tenemos la verdad que se nos ha sido entregada del pasado. Mi papá era un adolescente cuando golpeó la Gran Depresión. Él abandonó la escuela y se puso a trabajar para ayudar a proveer para la familia. Nunca regresó.

De niño, lo vi trabajar... y trabajar... y trabajar. Él nunca pensó que podía tomar oportunidades en mejores trabajos por su falta de educación. Así que estuvo atrapado. Su jefe sabía que no podía renunciar, así que le dio más y más trabajo sin importarle su pago.

Cuando falleció, encontramos un pedacito de papel en su billetera con la fecha en que cada uno de sus hijos fue bautizado y la fecha en que cada uno se graduó de la universidad.

¿Qué verdad tomé de eso? Si no tienes educación, siempre tendrás temor de perder tu trabajo. Y siempre dudarás de poder conseguir otro.

Después, como padre, al haber visto el valor que mi papá le daba a obtener una educación, me comprometí a mentorear a mis hijos para que recibieran la mejor educación a la que sus habilidades pudieran llevarlos.

Adquirí esa verdad... no de mi propia experiencia, sino de la experiencia de alguien que vino antes que yo.

## LUEGO ESTÁ LO QUE HE APRENDIDO

He conocido a unos pocos padres e hijos que parecían intercambiables... si has visto a uno, has visto al otro. Y eso sería maravilloso si fueras Jesús, ya que Su Papá fue y es perfecto.

Pero para el resto de nosotros, mientras que aprendimos algunas cosas de nuestros padres y de la historia, la mayoría de nuestro aprendizaje real viene de nuestra propia experiencia. Hemos tenido el beneficio de aquellos que estuvieron antes que nosotros, pero la mayoría de lo que sabemos – lo que vivimos, lo que nos guía – proviene de nuestro propio aprendizaje y experiencia. No somos oráculos que repiten las lecciones de generaciones pasadas, estamos experimentando la vida a nuestra manera única. Estamos añadiendo a lo que hemos heredado, haciéndolo realidad en nuestra generación.

Ahora, no somos Jesús... ni siquiera cerca. Pero vemos cómo Él construyó sobre la verdad que heredó. Mira cómo Jesús llevó la verdad a un nuevo nivel con respecto al perdón.

En una conversación con Pedro, registrada en Mateo 18:21-22, le hace una pregunta a Jesús sobre el perdón. Pedro pregunta: "¿Cuántas veces tengo que perdonar a mi hermano que peca contra mí? ¿Hasta siete veces?" (Él está haciendo una referencia a Génesis 4:24 en donde Caín sería vengado siete veces.) Pedro lo estuvo captando. Él reconoció que Jesús nos estaba enseñando a reemplazar el concepto de la venganza con el perdón, pero se sorprendió cuando Jesús dijo: "No te digo que hasta siete veces, sino hasta setenta veces siete". Perdón extremo.

Lo hizo nuevamente en Lucas 20:34-38. Los saduceos confrontaron a Jesús con el contenido del Antiguo Testamento con respecto a las viudas casándose nuevamente. Deuteronomio 25:5 había sido la verdad sobre el tema, y había causado muchas escenas complicadas. Quién estaría casado con quién en el cielo era una de ellas.

Jesús sabía lo que el escritor de Deuteronomio no sabía... "los hijos de la resurrección" (aquellos que van al cielo) ni siquiera estarán casados. Estarán tan cautivados por la gloria de Dios que el matrimonio no se podrá comparar.

Y quizá el lugar más memorable donde Jesús añadió verdad nueva a la ley antigua fue cuando Él nos dio este verso: "Ustedes han oído que se dijo: 'No cometas adulterio'. Pero yo les digo que cualquiera que mira a una mujer y la codicia ya ha cometido adulterio con ella en el corazón" (Mateo 5:27-28).

Ahí está de nuevo, Jesús tomando la ley antigua, reforzándola y después elevando el estándar... cambiando el criterio de un enfoque exterior a uno interior. Jesús se interesa por nuestros corazones. No quiere que vivamos una vida limpia en el exterior y estar sucios por dentro. Quiere pureza en todo.

Vez tras vez Jesús compartía una nueva verdad. Estaba basada en la verdad de la antigua ley, pero iba más allá. Jesús trajo nueva verdad y nueva revelación.

Jesús vino para comunicar aún más de la verdad de Dios.

Principios como el dar, el perdón y la compasión eran conceptos que no se podían aplicar fácilmente por la manera en que se interpretaba la ley del Antiguo Testamento.

¿Qué significa esto para nosotros como mentores? Significa que en tu vida has aprendido mucha verdad hasta ahora. Has aprendido de tus padres, tus abuelos, tus maestros, tus jefes y tus mentores.

Has aprendido de los libros que has leído... y de la Biblia.

Tienes una colección única de verdades. A lo largo de los años has visto y escuchado mucho. Has desechado muchas cosas que alguna vez pensaste que eran verdad. Más que cualquier otra fuente, has aprendido de tus errores... de la "escuela de la vida".

Dios te ha preservado a través de esas experiencias... te ha dado esa verdad para que puedas aprovecharla en beneficio de los demás. ¿De qué otra forma podría Él recibir más gloria de ello?

# YO SOY LA VERDAD Y LA VIDA

Una vez, recibimos una nota de agradecimiento por un regalo de bebé... no es algo en lo que me enfocaría normalmente. Dentro del sobre había una tarjeta típica con una nota de nuestro amigo.

Pero entonces caí en cuenta que el mensaje, la verdad de esto, estaba en el mismo sobre... no era la tarjeta o aún el mensaje escrito en ella. Era el hecho de que alguien nos amaba lo suficiente, estaba lo suficientemente agradecido, para salir, comprar una tarjeta, escribir algo personal en ella, buscar nuestra dirección, escribirla en la parte delantera, comprar y pegar una estampilla y enviarlo desde su buzón al nuestro. El sobre era el mensaje verdadero... al igual o más que el mismo contenido.

Y eso es lo que Jesús fue y es. "Yo soy el camino". "Yo soy la verdad". "Yo soy la vida". Declaraciones audaces pero verdaderas. Declaraciones importantes cuando lees el resto de ese versículo:

"Nadie llega al Padre sino por mí" (Juan 14:6).

Jesús mismo es la verdad... no solo Sus enseñanzas... y no solo Su confirmación de las enseñanzas de otros.

Jesús sabía quién era Él por las Escrituras. En Lucas 4:18-19, Él cita Isaías 61:1-2:

> El Espíritu del Señor está sobre mí,
> Por cuanto me ha ungido
> Para anunciar buenas nuevas a los pobres.
> Me ha enviado a proclamar libertad a los cautivos
> Y dar vista a los ciegos,
> A poner en libertad a los oprimidos,
> A pregonar el año del favor del Señor.

# LAS ESCRITURAS APLICADAS EN EL MOMENTO

Una gran parte de quién era Jesús proviene de Su conocimiento de las Escrituras. Citaba las Escrituras constantemente, especialmente cuando estaba en problemas.

¿Recuerdas cuando Jesús estuvo en el desierto por cuarenta días? Se estaba muriendo de hambre, y no había un McDonalds cerca. Pasaría mucho tiempo antes de que Jesús pudiera conseguir comida, sin importar cuánto lo deseara.

El diablo vino a Jesús con una propuesta. "Si eres el Hijo de Dios, dile a esta piedra que se convierta en pan" (Lucas 4:3). Jesús respondió a la oferta tentadora del diablo, recordando (y recordándole al diablo), "Escrito está: 'No solo de pan vive el hombre.'" (v.4).

Estaba citando Deuteronomio 8:3 que dice:

> Te humilló y te hizo pasar hambre, pero luego te alimentó con maná, comida que ni tú ni tus antepasados habían conocido, con lo que te enseñó que *no solo de pan vive el hombre*, sino de todo lo que sale de la boca del Señor.

Las Escrituras no eran solo lo que Jesús sabía... eran lo que Jesús *era*. Él tenía la capacidad de recordar Escrituras específicas *en el momento* que le recordaban de la verdad de Dios y Su fidelidad.

Otro ejemplo, desde la cruz: "Entonces Jesús exclamó con fuerza: '¡Padre, en tus manos encomiendo mi espíritu!' Y al decir esto, expiró (Lucas 23:46). Estaba citando la primera parte del Salmo 31:5: "*En tus manos encomiendo mi espíritu*; líbrame, Señor, Dios de la verdad". Sus últimas palabras hicieron eco de las de David.

El Mentoreo Radical se trata de la transferencia de la verdad... la verdad de Dios... a la próxima generación de líderes. Y una gran parte de eso es la memorización de las Escrituras por tema y por palabra clave para que se pueda recordar y usar en el momento de necesidad.

## COMUNICA LA VERDAD APRENDIDA POR TU CUENTA

Como Jesús, el mentor ha aprendido algo de la verdad por cuenta propia. Jesús aprendió de Su Padre, ya que habían estado juntos desde el inicio del tiempo. No lo sabemos, pero podemos suponer que Jesús también aprendió algunas cosas por Su cuenta trabajando en el taller de carpintería de José entre los doce y los treinta años. (¡Ahí está ese misterio de "completamente hombre-completamente Dios" otra vez!)

La verdad viene de la vida del mentor... solo su vida. Cada uno de nosotros es una creación única de Dios, con experiencias únicas, habilidades únicas y dotado por Dios.

Nadie más puede ser tú. Walt Disney dijo una vez: "Cuanto más me parezco a mí, entonces menos me parezco a los demás, y así me doy cuenta de mi singularidad".

Una de las mejores partes del Mentoreo Radical ocurre cuando permites que tus mentoreados vean "detrás de cámaras". Ralph Waldo Emerson dijo: "Lo que eres es un estruendo tan fuerte que no puedo escuchar lo que estás tratando de decir". Y cuando les haces saber de manera transparente "lo que eres", cómo piensas, cómo te convertiste en la persona que eres, la verdad se transfiere de una manera inexplicable. Allí el concepto de la personificación es la que está obrando. Retener esa parte sería como robarles la mejor parte. Tal y como Jesús nos hubiera robado si Él no nos hubiera dejado ver quién era en realidad... un Dios-hombre compasivo, tierno, amoroso, inteligente quien lo dio todo por nosotros.

Una vez, mientras conversaba con un joven de 13 años (uno muy inteligente y maduro debo añadir), yo le pregunté: "Si tú pudieras hacerle una pregunta a una persona mayor y recibir una respuesta que *supieras* que es absolutamente cierta, ¿Cuál pregunta sería?" Su respuesta: "¿Cómo lo haces?" "¿Qué?" pregunté. "La vida... ¿Cómo vives la *vida*?" Las personas jóvenes necesitan pasar mucho tiempo intencional con auténticos cristianos comprometidos quienes viven su fe... y no solo hablan de ella. Entonces sabrán cómo "vivir la vida" y, aún más importante, cómo ayudar a otros a saber cómo hacerlo también.

## UNA NECESIDAD CRÍTICA

Nuestras iglesias del siglo veintiuno recién ahora se están despertando a la necesidad de mentoría. La Iglesia Willow Creek Community Church, registrada a menudo entre las iglesias más influyentes de Norteamérica, publicó un estudio titulado "Revelar". El proyecto fue diseñado para evaluar cómo le está yendo a la iglesia nueva, la "iglesia atrayente". Uno de los hallazgos rotundos del estudio fue la "necesidad de que alguien interprete" la verdad de Dios para los creyentes menos maduros.

En mis grupos de Mentoreo Radical memorizan las veinticuatro Escrituras que han tenido el mayor impacto y utilidad en mi vida.

Asigno estos versículos de dos en dos, junto con una "palabra clave" por cada versículo para que puedan traer a la mente cada versículo por tema.

Por ejemplo, el miedo. Todos nos enfrentamos al miedo de vez en cuando. Algunos batallamos con el temor diariamente. Otros menos seguido. Mi esposa dice que yo evito el miedo viviendo en negación.

Hace años, memoricé 2 Timoteo 1:7 y lo etiqueté como mi versículo del "miedo". Dice así: "Pues Dios no nos ha dado un espíritu de timidez, sino de poder, de amor y de dominio propio".

Puedo lidiar mejor con algo si sé de donde proviene. Una vez que entendí que Dios no me estaba dando un espíritu de temor, tuve una sospecha clara de quién sí. ¿Quién más que Satanás querría que yo tuviera miedo... que estuviera paralizado por el temor?

Así que Dios *no* me ha dado un espíritu de temor. Pero el versículo continúa diciendo "sino"... una gran palabra que significa "por otro lado" o "todo lo contrario"... Dios me *ha* dado el espíritu de poder, amor y dominio propio.

Sí puedo lidiar con el miedo cuando reconozco que proviene de una fuente distinta a Dios... una fuente que quiere lastimarme, no ayudarme.

## UNA LISTA NO COMPLETA

Jesús no enseñó sobre cada versículo que sabía, y tú tampoco deberías hacerlo. Jesús amplió los versículos que Él sabía que el Padre quería que hablara. Guardó silencio en cuanto a una gran parte del Antiguo Testamento.

El Mentoreo Radical no es un estudio Bíblico. Así que no intentes convertirlo en uno ni te sientas culpable porque no lo es. Enséñales las Escrituras que Dios ha usado para enseñarte a ti. Yo utilizo veinticuatro versículos (dos cada mes) que han tenido significado para mí en algún momento.

## LOS MENTORES TIENEN QUE ESTAR FUNDAMENTADOS EN LA VERDAD, LA PALABRA DE DIOS

No siempre tienen que saberlo de memoria, pero deben *tener* la Palabra de Dios en el corazón. Creer en ella, saber en dónde encontrarla, confiar en ella, nunca contradecirla y saber cómo defenderla.

Ese es el tipo de interpretación personal de las Escrituras que los mentores pueden dar a sus mentoreados. No tengo un título de seminario, y confesaré que algunas de mis interpretaciones posiblemente no serian aprobadas por algunos teólogos. Pero lo que no se puede discutir es lo que Dios me ha mostrado a través de Su Palabra y su aplicación en mi vida. Eso es lo que tengo que darles a estos líderes de la siguiente generación.

## APLICACIÓN DE LAS ESCRITURAS EN RETROSPECTIVA

Te voy a contar una historia de mis "momentos más vergonzosos". Esta es una historia real que les cuento a mis mentoreados cada año para mostrarles cómo el memorizar las Escrituras puede ser de gran ayuda si lo aplicas.

Uno de mis versículos favoritos es Proverbios 24:3-4: "Con sabiduría se construye la casa, y con inteligencia se ponen sus cimientos; con conocimientos se llenan sus cuartos de objetos valiosos y de buen gusto" (DHH). Cuando lo asigno a mi grupo de mentoría, lo explico de esta manera...

- Los conocimientos son datos, información, hechos, observación.
- La inteligencia es tomar esa información y ponerla en su contexto. Este contexto puede ser la persona de quién hablas, una situación o circunstancia específica; es el trasfondo de la información con la que estás tratando.
- La sabiduría es saber qué hacer con la información una vez que hayas considerado el contexto.

Cuando mi hijo era joven, yo estaba buscando algo en su carro y accidentalmente encontré una caja de cigarrillos. Exploté. Decidí que iba a usar la táctica de sorpresa para llegar al fondo de este asunto de fumar.

Corrí hasta su habitación (eran las diez de la noche y él ya estaba profundamente dormido). Abrí de un tirón la puerta, corrí hasta su cama, estiré la caja de cigarrillos justo en su cara y dije: "Listo, amigo, ¿Cuál es la historia con esto?"

Él se despertó, me miró con incredulidad y enojo en sus ojos, y dijo: "Esos son de mi amigo Brant. Los dejó en mi carro. No puedo creer que estabas revisando mi carro, y peor, no puedo creer que pensaras que he estado fumando. ¿Te has olvidado quién soy?"

Me sentí humillado, aturdido y avergonzado.

Había tomado el conocimiento (los cigarrillos en el carro de mi hijo) y me había precipitado a una conclusión. Después actué sin pensar si mi acción había sido sabia o no. Solo quería la verdad para asegurarme que él no estaba fumando.

Si me hubiera acordado de Proverbios 24:3-4 y lo hubiera aplicado, entonces hubiera pensado, "el conocimiento me dice que he encontrado cigarrillos en el carro de mi hijo". La inteligencia dice: "Espera un minuto. Mi hijo odia el humo. Es un atleta. Necesito conseguir la historia completa antes de llegar a una conclusión". Y entonces la sabiduría hubiera preguntado: "¿En qué ambiente es más probable que diga la verdad sobre esto?" Ciertamente se me habría ocurrido algo más eficaz que mi vergonzosa táctica de "soldado de asalto/Gestapo".

Esa es la belleza de la Escritura aplicada. Dios lo utiliza para ayudarte a pensar, a responder de manera diferente... efectiva. Pero tiene que estar en tu corazón, fácilmente accesible en el momento de necesidad.

Vemos a Jesús usando las Escrituras de esta manera... Por sabiduría... guía... nunca para atacar a las personas. Jesús usó las Escrituras como una defensa, no un ataque.

Ve y haz tú lo mismo. Jesús nos enseñó a abrir nuestra boca, y a confiar en que el Espíritu Santo nos daría las palabras que decir.

> *"Y, cuando los arresten y los sometan a juicio, no se preocupen de antemano por lo que van a decir. Solo declaren lo que se les dé a decir en ese momento, porque no serán ustedes los que hablen, sino el Espíritu Santo"(Marcos 13:11).*

# CAPÍTULO SIETE

## LA ORACIÓN COMO UNA PRÁCTICA

Visualiza un ambiente típico de un grupo pequeño... ocho varones y un líder reunidos alrededor de la mesa del comedor... hablando sobre Dios, la vida y la Biblia. El líder le pide a cada varón que comparta su necesidad más grande... su petición de oración número uno. Apunta cada una mientras se pronuncian. Después dice: "Oremos".

Pero entonces él desaparece de la vista, cayendo no solo de rodillas sino a una postura rostro en tierra, postrado completamente ante el Señor.

Los demás no saben exactamente qué hacer... cómo responder. Uno por uno ellos caen de sus sillas a sus rodillas. Algunos tratan de imitar lo que ven hacer a su mentor.

Entonces el mentor comienza a orar. "Buenas noches, Padre".

Es como si hubiera marcado un número en su teléfono celular y su papá estuviera al teléfono.

"Gracias por adoptarme en Tu familia. No tenías que hacer eso, pero estoy tan agradecido de que lo hayas hecho", continúa.

No es como ninguna otra oración que hayan escuchado en la iglesia... ni siquiera como las "bendiciones" que escucharon alrededor de la mesa mientras crecían. Es como una conversación auténtica entre un padre y un hijo. Es sorprendentemente diferente.

Ahora, no te estoy diciendo cómo orar. Solo es la manera en que yo trato de orar. Yo intento quitar la mayor cantidad de palabras de iglesia como pueda, para hablarle a Dios en un idioma auténtico, sobre cosas auténticas y en el contexto de nuestra relación auténtica. En mi grupo, simplemente estoy dejando que mis mentoreados escuchen mi conversación con Dios. Quiero modelar autenticidad de una manera importante porque demasiadas veces nos parecemos mucho a los fariseos cuando se trata de la oración. Por ende, cuando yo oro, lo hago de una manera que tanto verbal como físicamente les da a mis mentoreados un modelo, un mapa del camino... el permiso... para ir y hacer lo mismo.

La mentoría implica modelar... hacer lo que haces para que otros puedan verte hacerlo y aprender. Nuevamente, Jesús nos enseña cómo.

## ENSÉÑANOS A ORAR

Jesús fue un fantástico hombre de oración. Imagina la intimidad, el amor, las experiencias compartidas, el terreno común con el Padre. A menudo oraba a solas... alejado de Sus discípulos.

En una ocasión clave, registrado en Lucas 11:1, Jesús había estado orando. Parece que en esta ocasión había orado cerca de ellos porque "cuando terminó, uno de Sus discípulos le dijo: 'Señor, enséñanos a orar'".

Yo creo que este discípulo escuchó algo... quizá vio algo, que él también quería. Al oír a Jesús orar... hablar con Su Padre... algo increíblemente irresistible estaba sucediendo.

Jesús responde con la oración que llamamos el Padre Nuestro, dándonos un modelo de cómo acercarnos al Padre... con gratitud y humildad.

No sabemos si Jesús estaba de rodillas, sentado o postrado. Pero ya que Él era un seguidor devoto de Dios y un estudioso de la ley, podemos asumir que estuvo en una postura de reverencia y sumisión.

Pedro caminó con Jesús a lo largo de Su ministerio. Vio orar a Jesús muchas veces, y cuando él escribió sus contribuciones a la Biblia, reflejó la actitud que de seguro vio en Jesús: "Humíllense, pues, bajo la poderosa mano de Dios, para que Él los exalte a su debido tiempo" (1 Pedro 5:6).

El vio a Jesús humilde y postrado. Pero entonces lo vio exaltado... primero levantado en la cruz y luego exaltado al ascender a los cielos. ¡Qué imagen! ¡Qué contraste!

Es bueno para mí arrodillarme cuando oro. Me recuerda que Él es Dios y yo no. Me recuerda que soy inferior a Dios... de que esto no es una conversación entre amigos... o iguales. Esto es humillarme... reconocer Su superioridad... ubicarme por debajo de Él espiritualmente pero también físicamente.

Muchos de los varones que he mentoreado nunca se han arrodillado para orar en un grupo pequeño. La mayoría han hecho la rutina de "arrodillarse en la banca" en una iglesia en algún momento, pero pocos realmente se han puesto de rodillas y orado en voz alta con otros varones.

Eso es lo que intento hacer... romper el hielo... usar mi influencia como mentor y la presión social (y la seguridad) de un contexto grupal para abrirles paso a una nueva dimensión en su fe.

Otro punto clave: se ha escrito mucho en cuánto a la importancia de cómo vemos a Dios. ¿Lo vemos como Rey, como Juez, como Sanador... ese tipo de cosas? No hay una pregunta para responder aquí. 2 Corintios 6:18 es claro: "Yo seré un Padre para ustedes, y ustedes serán mis hijos".

Dios es mi Padre celestial. Esa es la forma en que me dirijo a Él, esa es la manera en que lo veo, esa es la estructura de nuestra relación, y esa es la forma en que las Escrituras me lo presentan. El fundamento principal de todo mi enfoque al mentorear a las personas jóvenes es esta verdad... Él es tu Padre... un Padre perfecto. Háblale de esa manera. Piensa en Él de esa manera.

## JESÚS ERA UN HOMBRE DE ORACIÓN

Se pensaría que un Dios-hombre no tendría necesidad de orar. Después de todo, ha estado con el Padre desde el principio... participó en la creación... vio y experimentó todo ello. Sin embargo, Jesús oró frecuentemente y por periodos extendidos de tiempo.

Las Escrituras nos dicen que una de Sus oraciones más largas fue cuando estuvo escogiendo a Sus mentoreados... Sus discípulos. Sabemos que Él se alejaba para orar solo... y muy frecuentemente. Como era Su práctica, solía irse a lugares remotos temprano en la mañana para estar con el Padre y orar.

Un mentor no puede mentorear como Jesús sin la oración. Aquí hay una lista corta de las cosas que el orar hace para mí como un mentor:

- El forar por mis mentoreados me mantiene enfocado en ellos y sus necesidades, no solo las mías.
- El orar por sus necesidades me da entendimiento con respecto a sus corazones... lo que les importa y en qué están enfocados.
- El orar por ellos es una forma de amarlos activamente.

Y existe otro punto importante. *Necesito orar por mí mismo.*

Es tan fácil orar por todas esas personas, pero también necesito orar por mí. Dios me ha dado influencia con estos varones. Necesito Su protección, Su sabiduría, Su valentía para ser quién Dios creó y me salvó para ser. Si yo caigo, daño todo lo que Él ha edificado en las personas a quienes he influenciado. Entonces es importante que yo me mantenga saludable espiritualmente... en la misma página con el Padre y enfocado en las cosas correctas en mi vida.

# DARLE EL CRÉDITO A DIOS POR LAS ORACIONES RESPONDIDAS

Solía mantener un pequeño pizarrón en mi closet donde oro. Hice dos columnas en él... Una columna decía "Peticiones de Oración" la otra columna decía "Respuestas". A lo largo del tiempo me maravillaba de cuántas de mis oraciones definitivamente fueron contestadas... algunas sí, muchas no, pero respondidas de una forma u otra. Mencioné esto en mi grupo pequeño de hombres, y mi buen amigo Rick preguntó con una sonrisa: "¿Puedo comprar ese pizarrón?"

Yo no tengo el don de intercesión o algo así. Yo ni siquiera oro tan seguido ni tan largo como probablemente debería. Pero esta pequeña práctica me enseñó a mantener un registro. Me asombró la frecuencia con la que Dios contesta mis oraciones.

Un par de años después mi esposa y yo participamos en el curso de Crown Ministries en nuestra iglesia y encontramos un registro de oración en el material. Al igual que mi pizarrón, tiene dos columnas, una para las oraciones y una para las respuestas a las oraciones.

Para mis grupos de Mentoría Radical, modifiqué este registro de una sola manera significativa. Añadí un lugar para anotar una petición grande... algo con un enfoque a largo plazo... algo por lo cual estaría orando durante todo el año de mentoría.

Toma esta idea ahora mismo y comienza a usarlo. Puedes usar cualquier hoja de papel y reproducirlo. Comienza a documentar mientras Dios contesta tus oraciones.

Las oraciones contestadas aumentan la fe. Dios contesta oraciones en todo nuestro alrededor con este propósito. Así que démosle el crédito que Él se merece. Es para nuestro beneficio al igual que para Su gloria.

# ESCUCHAR AL IGUAL QUE HABLAR

Parece extraño que escuchemos a Dios. ¿Cómo sé que es Él? ¿No falsifica el diablo la voz de Dios?

Confieso... Cuando escucho a alguien decir: "Dios me dijo _____", hago una gran pausa. Con eso no quiero decir que Dios no siga hablando. Sé que lo hace. Pero es bastante difícil oír Su voz y poder identificarlo constantemente. Y a veces es aún más difícil oír e interpretar lo que Él dice.

Durante los primeros días después de empezar una relación personal con Jesús, un querido amigo me envió una serie de sermones titulados "Cómo Escuchar a Dios". Esa serie llegó a ser un libro por Charles Stanley, y nunca he olvidado las cinco "*C*'s" que proveen un filtro para ayudarme a probar si lo que he oído es de Dios. A mi manera abreviado, aquí están:

- ¿Es *consistente* la respuesta/instrucción con las Escrituras? Dios nunca nos guiará a hacer algo que esté en conflicto con Su Palabra.
- ¿La respuesta hace *crecer* tu fe? Si la ruta es la salida fácil y no requiere de fe de Dios para llevarlo a cabo, ponle un alto.
- ¿La respuesta hace *conflicto* con la sabiduría humana?

Con frecuencia los caminos de Dios no son los nuestras, y lo que Él nos dirige a hacer nos parece muy extraño en nuestra cultura del siglo veintiuno.

- ¿La dirección hace un *choque* con mi naturaleza carnal? A veces Dios me guiará hacia cosas que requieren un esfuerzo extraordinario... o autodisciplina. Tendré que ir en contra de lo que me viene naturalmente.

- ¿El obedecer a Dios requerirá *coraje*? Él a menudo asigna tareas en las que tendremos que tomar riesgos... para así confiar en Él. Él hace eso para hacer crecer nuestra fe.[5]

Quiero que mis mentoreados intenten escuchar a Dios, para discernir ese "suave susurro" y separarlo de los mensajes del mundo. Estas cinco preguntas me ayudan a distinguir Su voz de todas las demás.

## PORQUE JESÚS LO HIZO

Cuando miras a Jesús como un mentor, nada es más visible o bien documentado que Su compromiso a la oración. Tenemos imágenes claras de Él orando por sí mismo y por Sus discípulos, y la oración es la única cosa que vemos que los discípulos le piden que les enseñe a hacer.

Mientras te lanzas a la mentoría como Jesús, ora. Luego ora otra vez.

Durante la escritura de este libro, uno de mis mentoreados llamó y me dejó este mensaje: "Regi, sé que estás trabajando en tu libro sobre la mentoría. Quería decirte de una decisión que tomé anoche. Hace un tiempo, un hombre joven de la iglesia me ha estado pidiendo que le mentoree. No me siento competente para hacerlo. Pero oré y le pregunté a Dios. Al poco tiempo, recibí mi respuesta, llamé al joven y acepté ser su mentor. Yo había estado esperando el tiempo para comenzar a mentorear, pero Dios me enseñó que hay un tiempo para comenzar, y ahora es mi tiempo".

¿Ahora es tu tiempo? ¿Estás dispuesto a convertirte en un mentor para la siguiente generación? ¿Harás lo que hizo Jesús... y lo que te pidió que hicieras? ¿Orarás al respecto?

# CAPÍTULO OCHO

## ENSEÑAR AL HACER

Aquí es donde el mentoreo es único. Un profesor puede enseñar lo que él mismo jamás podría hacer. Un entrenador normalmente entrena lo que él podía hacer hace mucho tiempo... en los deportes suele ser hace mucho, mucho tiempo.

Pero la mentoría involucra enseñar *mientras* haces algo. El mentoreo ocurre mientras hacen la vida juntos... estando "en el momento"... es interactivo... como un programa de televisión en vivo. Es en tiempo real... no es actuado, no está pregrabado. Está sucediendo ahora mismo para ambos el mentor y el mentoreado.

Aquí hay un ejemplo. Mi teléfono celular sonó un día, y era Steve de mi grupo de Mentoreo Radical en 2007. Steve es un arquitecto quien, junto con un socio, se atrevió a iniciar su propia empresa hace un par de años.

"Regi, acaban de encontrar a mi socio muerto en su apartamento".

Steve estaba en estado de shock pero "bajo control", si sabes a lo que me refiero.

Le hice suficientes preguntas para asegurarme que Steve estaba bien, que pensaba con claridad y que no estaba en una crisis personal, emocional o espiritual.

Entonces le pregunté acerca de la familia de su socio, sus padres (Kit no estaba casado), sus hermanos y hermanas. ¿Alguien estaba con ellos atendiéndolos personalmente?

Luego llegamos a las cosas relacionadas con la empresa... ¿Qué les diría a los clientes que tenían proyectos críticos bajo el cuidado de Kit? ¿Cómo lograría Steve entender por completo todos los trabajos pendientes? ¿Quién los cubriría y se aseguraría que nada malo llegara a pasar? ¿Cómo se ocuparía de los empleados, quienes estarían sacudidos por la pérdida de un contribuyente principal y líder de la compañía?

Hablamos sobre todas estas preguntas, discutimos diferentes planes de acción, y acordamos en algunos pasos a seguir para Steve.

Nunca he tenido un socio comercial que muera inesperadamente. Steve y yo lo estábamos inventando todo sobre la marcha.

Pero mira lo que estaba sucediendo aquí. Por mi edad y por haber atravesado varias situaciones de muerte en un contexto empresarial, yo sabía qué hacer y la secuencia en la que se deberían hacer las cosas. Steve estaba a punto de convertirse en un cuidador de otros, y un cuidador no puede cuidar de otros hasta que haya *recuperado su propio equilibrio* después de un evento impactante. Por ende, mi primera reacción fue asegurarme que Steve estaba bien.

En segundo lugar, lo guie a las necesidades personales de la familia de su socio. Cuando Steve se acercó a la familia de Kit, estaba siguiendo el modelo que Cristo nos dio. (¡La compasión de Jesús por la familia lo llevó a resucitar a personas de la muerte!) También estaba modelando el amor de Cristo por la familia de Kit y por todos sus empleados. En los días venideros, esta compasión sería un elemento importante ya que Steve tendría que hacer negociaciones con la familia de Kit sobre su patrimonio y derechos de propiedad en la compañía.

Finalmente, llegamos a los asuntos del negocio que necesitaban atención.

Aquí está el ángulo inesperado... esta es la razón primordial y principal de porqué Steve me llamó. Él respeta mi habilidad para los negocios y pensó que yo sería una buena fuente de consejos con respecto a los desafíos creados por la muerte de su socio. Sin embargo, modelé para él un conjunto diferente de prioridades. Yo nunca antes había lidiado con una situación exactamente igual, pero pude ayudar a Steve a analizar sus siguientes pasos y al mismo tiempo enseñarle cómo reaccionar ante una situación como esta.

## JESÚS ENSEÑÓ HACIENDO

La oración es el ejemplo más obvio de Jesús enseñando al hacer. En ninguna otra parte de los relatos de Su vida se le pide directamente a Jesús que *enseñe* algo específico. Pero tenlo por seguro, mientras Él viajaba de pueblo en pueblo con Sus mentoreados, mucho de lo que les enseñaba, lo enseñaba al hacerlo.

Cuando los discípulos estaban echando fuera demonios, se encontraron con uno que no lograban echar fuera. Jesús mismo echó fuera el demonio, luego volteó hacia los discípulos y dijo: "Pero esta clase no sale sino con oración y ayuno" (Mateo 17:21).

Miremos algunas de las cosas menos obvias que Jesús enseñó al hacerlo y cómo un Mentor Radical puede ir y hacer lo mismo

## LA PERFECCIÓN DE LA ACEPTACIÓN

Jesús enseñó aceptación al aceptar a las personas. Y lo hizo aceptando a las personas más inaceptables en Su mundo.

Iba a sus casas y cenaba con recolectores de impuestos y otros "pecadores" ante los ojos de los líderes judíos.

Después iba al hogar de un fariseo para cenar. Un día estaba con el más marginado, y al siguiente día estaba sentado con el más popular.

Las mujeres frecuentemente eran menospreciadas en la cultura judía en el tiempo de Jesús. Sin embargo, muchos de los seguidores y partidarios más cercanos de Jesús eran mujeres, lo que nos da una imagen de aceptación del más alto nivel.

Los samaritanos también eran despreciados por los judíos. Ya que no eran judíos ni árabes, estos "mestizos" eran escoria para los judíos. Sin embargo, vemos a Jesús interactuando con la mujer Samaritana en el pozo y aún elogiando "al buen samaritano" en una de Sus parábolas más conocidas.

Las personas enfermas, especialmente aquellas afligidas con enfermedades como la lepra, eran expulsados fuera de la sociedad por completo. A pesar de eso, Jesús se acercó a ellos, los aceptó y hasta sanó a algunos.

Los niños eran personas no gratas en la cultura de Jesús. Inclusive Sus discípulos demostraron una mentalidad de "no vengas a estorbar" hacia los niños, pero no Jesús. Él los invitó a unirse. Su aceptación fue universal.

Es asombroso para muchos saber que nunca he conocido a la mayoría de los varones que elijo para mentorear. Típicamente, mentoreados potenciales escuchan de Mentoreo Radical de alguien y entonces me envían un email expresando su interés. Ellos llenan las formas, yo leo las solicitudes, oro por los candidatos, escojo mis ocho, los invito a la "Noche de lanzamiento", todo sin haberlos conocido en persona. (Y ahora que mi iglesia se está encargando, ellos me asignan los mentoreados a mí... y siguen siendo varones que yo no conozco).

Este enfoque a ciegas me pone en un lugar donde *tengo* que aceptar a cada varón. Estoy protegido de mis prejuicios... de mi propio espíritu crítico... y de la tentación de escoger solo a varones que yo elegiría naturalmente. Estoy invirtiendo en las personas que Dios me ha indicado, dándole a Él la máxima gloria.

Y a lo largo del año de mentoreo, me enfoco en aceptar continuamente a cada varón, sin importar cuán diferente sea, cuán diferente piense, o cuán apasionado esté por crecer en Cristo. No puedo ceder ante la tentación de aceptar a alguien basado en el desempeño. Esa no es la forma en que Dios me ama, y quiero amar como yo soy amado.

## GRANDES MENTORES SON GRANDES OYENTES

Jesús escuchaba. Él estaba en el momento, totalmente enfocado en quien estuviera en frente de Él. Incluso a veces estaba escuchando cuando nadie pensaba que lo estaba haciendo, como cuando escuchó a Santiago y a Juan debatiendo sobre quién iba a ser el más importante.

Cuando estoy en mi grupo, pongo mi vida en espera. Quiero usar cada gota de mi energía para concentrarme en estos varones... quiero escuchar lo que están diciendo... y entender su punto de vista. Quiero enseñarles a que hagan lo mismo porque mi meta final es que se conviertan en mentores... que se convierten en hacedores de discípulos.

## PUNTUAL Y PREPARADO

Hace años contraté a mi primer consultor para poder contratar un vicepresidente de ventas para nuestra empresa. Al final del proyecto, me preguntó qué pude haber hecho para mejorar su desempeño o servirme mejor. Yo mencioné un par de cosas, y después le pregunté a él: "¿Qué pude haber hecho yo para ser mejor cliente?"

Él dijo: "¿Quieres saber? Es decir, ¿*Realmente* quieres saber?"

Sabía que tenía algo que decirme, y ya no había vuelta atrás. Así que dije: "¡Sí, dímelo directamente!"

Me dijo: "Regi, llegaste tarde a cada reunión que tuvimos. A veces estuve esperando fuera de tu oficina mientras hablabas con otros por teléfono, no solamente finalizando conversaciones sino iniciando nuevas conversaciones también. La forma en que no respetaste nuestros horarios de citas comunicó que tampoco me respetaste a mí".

Me quedé sin palabras. Si hubiera estado en tiempos bíblicos, me hubiera rasgado la ropa y cubierto de ceniza. Lo que él describió no era el hombre o persona de negocios que yo quiero ser, sin mencionar la manera en que mi egoísmo y falta de respeto por él y su tiempo reflejaban en mí lo contrario al ejemplo de Cristo. A Jesús le importaban las personas... Él nunca les hubiera humillado de la forma que yo humillé a este consultor (¡Quién también es un buen amigo!).

Desde ese día he luchado apasionadamente por llegar a tiempo para todo. Y cuando están involucrados mis mentoreados, me parto el lomo para llegar a tiempo.

Les estoy enseñando la importancia de llegar a tiempo al llegar yo a tiempo y exigirles cumplir el mismo estándar.

## SERVICIO

Durante el año les estoy enseñando el servicio a mi grupo al servirles. Cuando ellos llegan a las reuniones, todo está listo. Están hechas las copias, están listos los libros, los refrigerios están servidos... Lo que sea necesario. Intento ponerlos a ellos y sus necesidades antes que las mías.

A lo largo del año de mentoreo voy al lugar de trabajo de cada hombre, paso por él y lo llevo a almorzar. Yo pago.

En nuestros retiros busco cada oportunidad para servir. Hago todo lo posible para que ellos sientan cómo es cuando una persona a quien admiras te sirve. No conozco una mejor forma de enseñar el servicio que sirviendo.

¿Recuerdas ese momento tan poderoso cuando Jesús se levantó, se quitó la ropa exterior, se puso la toalla en la cintura y lavó los pies de Sus discípulos? En esa cultura lavar pies era el trabajo más bajo y desagradable. Pero Jesús lo hizo para modelar el servicio de una manera radical, emocional y física. Después agregó significado a Su acto, explicando cómo el amor se trata de servir:

> Pues, si yo, el Señor y el Maestro, les he lavado los pies, también ustedes deben lavarse los pies los unos a los otros. Les he puesto el ejemplo, para que hagan lo mismo que yo he hecho con ustedes. Ciertamente les aseguro que ningún siervo es más que su amo, y ningún mensajero es más que el que lo envió. ¿Entienden esto? Dichosos serán si lo ponen en práctica (Juan 13:14-17).

Todos hacemos las cosas de la mejor forma cuando nos están mirando. Mientras adoptas este desafío de mentorear, te darás cuenta que enseñas al hacer, que estás haciendo la vida todo el tiempo y que tus mentoreados te están observando. Les estoy enseñando a mis mentoreados a través de mi ejemplo a amar a sus esposas, amando a mi esposa... a amar a sus hijos, amando a los míos. Les estoy enseñando a amar y servir a la iglesia, amando y sirviendo en mi iglesia. Y al final les enseñaré cómo hacer la transición de esta vida a la siguiente... con mi ejemplo también. Espero ser tan increíble como lo fue Jesús.

# CAPÍTULO NUEVE

## EL CONTEXTO DE
## DONDE SEA

Un amigo mío habló profundamente cuando dijo que la mentoría se trata del contenido, la comunidad y el contexto. El contenido siempre ha sido "lo más importante" porque las personas que mentorean intencionalmente siempre querrán un currículo. En el mundo secular, el mentoreo se construye en base a un propósito específico. En el mundo cristiano, no hay ningún otro contenido reconocido para mentorear aparte que la Biblia misma.

La comunidad es un elemento nuevo a la mentoría, y se convierte en un elemento significativo cuando mentoreas en un ambiente grupal. Pero ¿Qué pasa con el contexto? ¿Qué es? ¿Por qué es tan importante?

## EL DÓNDE DE LA MENTORÍA

Cuando pienso en el mentoreo, veo a dos hombres tomando café o almorzando. Siempre es en un restaurante... siempre cerca de la comida o la bebida porque eso hace que iniciar una conversación y mantenerla sea más fácil.

Han llegado a ser amigos. La conversación fluye naturalmente, pero la mayor parte de ella se centra alrededor de la vida del hombre más joven… sus problemas, sus oportunidades, su futuro.

Tradicionalmente la relación de mentoría casi siempre es iniciada por el mentoreado. Hay algo que quiere... una necesidad... por dirección, sabiduría, consejo o ayuda. En la mayoría de los casos estas conversaciones inician sobre cosas relacionadas al trabajo. El hombre más joven necesita un consejo o el acceso al grupo de contactos del mayor. A veces es una crisis en casa... una ruptura con la esposa o un hijo y la persona menos experimentada quiere confiar en alguien que " ya ha estado ahí, y ya ha pasado por eso".

Ya que él tiene su propia agenda, el mentoreado sugiere una ubicación, conveniente para el mentor... ambos en horario y lugar. Después de todo, él es el que está recibiendo la ayuda. ¿Por qué no debería hacer las cosas más fáciles para quien le va a ayudar?

Ahora, ¿Será esto un tipo de mentoreo? Sí. ¿Es lo que hizo Jesús? No.

Jesús *inició* la relación de mentoría con Sus discípulos. Él se acercó a ellos. Él los escogió a ellos.

En Marcos 3:13-14, nos dice que "Subió Jesús a una montaña y llamó a los que quiso, los cuales se reunieron con Él. Designó a doce para que lo acompañaran y para enviarlos a predicar".

Todo lo que Él hizo se trataba de *Su agenda*, no la de ellos. Jesús no se preocupó si era un inconveniente para Sus mentoreados. Él sabía que les estaba dando la *oportunidad de una vida* al permitirles seguirlo y aprender de Él.

Más adelante, Jesús les diría: "Dichosos los ojos que ven lo que ustedes ven. Les digo que muchos profetas y reyes quisieron ver lo que ustedes ven, pero no lo vieron; y oír lo que ustedes oyen, pero no lo oyeron" (Lucas 10:23-24).

¿Recuerdas cuando Jesús le dijo al hombre que tenía que renunciar a todo si quería experimentar el reino de Dios? Pedro (como era usual) habló en nombre de los discípulos y le recordó a Jesús: "Nosotros hemos renunciado todo". Estas no son palabras de hombres que buscan sus propias agendas. De seguro que esperaban que Jesús se nombraría como rey terrenal y que estarían en una buena posición en la jerarquía. Pero el punto es que Jesús les invitó a seguirlo, y lo hicieron. Dejaron sus negocios, sus esposas y familias por aceptar la oferta de Jesús de convertirse en "pescadores de hombres".

Y cuando ellos dijeron que sí a Su propuesta, abandonaron sus redes y emprendieron el viaje... literalmente. A diferencia de los rabinos que los habían pasado por alto para el discipulado, Jesús era itinerante. Viajaba constantemente.

Jesús llevó a Sus mentoreados a *Su* contexto... por *Sus* propósitos.

Si los discípulos hubieran tomado la ruta tradicional y estudiado bajo un rabino tradicional, hubieran permanecido en sus pueblos, viviendo en sus comunidades y haciendo la vida de la manera tradicional. Hubieran aprendido sus lecciones en la sinagoga y también hubieran enseñado ahí. Sus vidas hubieran estado aisladas de los rechazados y forasteros... las personas que estaban enfermas o deformes... Samaritanos, cobradores de impuestos y pecadores. Hubieran vivido en una "burbuja santa". Y nadie hubiera oído de ellos jamás.

Pero en vez de eso, siguieron a Jesús. Caminaron kilómetros y kilómetros. Jesús hablaba. Ellos escuchaban. Jesús sanaba. Ellos observaban. Jesús hacía milagros. Ellos se maravillaban. Y todo ello se hizo "en el camino".

# LLEVÁNDOLO A LAS CALLES

Aquí hay una lista parcial de los lugares en donde Jesús mentoreó a Sus discípulos:

- en el camino
- n el jardín
- junto al pozo
- en la casa de Pedro
- en la sinagoga
- en una montaña
- sobre el agua

Cuando mentoreas a personas más jóvenes, te encontrarás en todo tipo de lugares. Mientras que mis reuniones mensuales toman lugar en mi casa, yo visito el lugar de trabajo de cada varón una vez durante el año de mentoreo. Y sí, hay otras reuniones uno a uno durante un desayuno o almuerzo. He asistido a la iglesia con mentoreados. He ido a partidos y eventos especiales de fútbol americano, he jugado voleibol y golf, he acampado, he ido de excursión en barco, he ido de pesca con mosca, he practicado esquí acuático, tú dilo. Uno de mis mentoreados se casó en el jardín de mi casa. En muchas ocasiones en esos ambientes, preguntas surgen, y momentos de enseñanza se presentan. Pero la mayor parte del tiempo que paso con mis mentoreados, lo paso en mi casa.

## EXPUESTO EN CASA

Cuando mentoreados vienen a mi casa, obtienen un vistazo cercano y personal de mi vida. Conocen a mi esposa. Hubieran conocido a mis hijos si aún vivieran con nosotros. Ven mi casa, mi patio, mis muebles.

Ellos ven mis recuerdos... mis trofeos por así decir. Y esos trofeos les demuestran lo que realmente es importante para mí, al igual que los tuyos muestran lo que es importante para ti.

Las paredes de mi sala de juegos son lo que algunos llaman la "pared de la herencia". La esposa de uno de mis mentoreados, Rachael, la diseñó para mí. Cuando entras por la puerta y giras a la izquierda, comienza nuestra historia de vida con fotos de mis padres y de los padres de Miriam. Luego están nuestras fotos de bebés... fotos cuando éramos niños, y así sucesivamente. Conforme avanzas alrededor del cuarto en orden cronológico, hay logos de todas las empresas en donde trabajé o de las que ayudé a empezar. Luego vienen fotos de nuestros hijos, comenzando como bebés hasta llegar a las fotos de sus bodas, y luego los nietos. Se relatan las historias de nuestras vidas en esas fotos. Cuando llevo a mis mentoreados en el recorrido, ellos ven cómo he usado mi tiempo. Por supuesto, hay algunas fotos de vacaciones. Sin embargo, la pared está cubierta con dos temas, y solo dos... familia y trabajo. Y no es para ponerme en algún tipo de pedestal. Simplemente es la realidad. Si te encanta viajar, entonces tus trofeos tal vez sean los recuerdos que compraste en los lugares donde has estado. O si eres un golfista o pescador, entonces tus trofeos lo dirán. Yo creo que nuestros trofeos les dan a nuestro grupo el permiso de tener intereses, de disfrutar de la vida que Dios les ha dado, y hacerlo sin culpabilidad.

John Piper cuenta cómo él experimentó algo parecido en lo que llama la "gran unión".

> ¿De qué se trataba la vida? ¿Para qué era? ¿Por qué existo? ¿Por qué estoy aquí? ¿Para ser feliz? ¿O para glorificar a Dios? Sin expresarlo por años, tuve una sensación dentro de mí que los dos estaban en desacuerdo. O glorificas a Dios o persigues la

felicidad. Uno parecía absolutamente correcto, el otro parecía absolutamente inevitable. Y fue por eso que estuve confundido y frustrado por tanto tiempo.

Dios me creó – y a ti – para vivir con una pasión única, que lo abarca y lo transforma todo – es decir, una pasión por glorificar a Dios disfrutando y demostrando Su suprema excelencia en todas las esferas de la vida.[6]

Disfrutando y demostrando. Ambos para la gloria de Dios.

En el contexto de nuestras vidas, disfrutamos a Dios y demostramos Su amor y la vida con Dios para los hombres que mentoreamos.

## LAS COSAS DE LA VIDA

Durante cada temporada de mentoría, invitamos a mis mentoreados y a sus esposas a la casa para cenar. Tanto los esposos y las esposas pueden ver como Miriam y yo funcionamos como un equipo cuando atendemos a dieciséis invitados en nuestra casa. Observan cómo interactuamos, cómo nos servimos el uno al otro y cómo los servimos a ellos también. Nos guste o no, somos modelos a seguir en este contexto. Y modelar amor y respeto causa una enorme impresión en estas parejas jóvenes.

Jesús usó las cosas cotidianas y eventos de la vida para exponer Sus objetivos. Cuando fue confrontado por los líderes judíos sobre el impuesto romano opresivo, usó la moneda romana para ilustrar Su respuesta: "Entonces denle al césar lo que es del césar y a Dios lo que es de Dios" (Mateo 22:21). Qué maravilloso fue eso... usar la imagen del César en la moneda para dar un ejemplo de posesión... César era dueño del reino terrenal, pero si aceptamos Su señorío, podemos pertenecer a Dios... llegar a ser parte de Su familia y Su reino – porque fuimos creados a *Su* imagen y somos posesión de Él.

Lo hizo nuevamente cuando fue confrontado con la paga del impuesto en el templo. Envió a Pedro, un pescador, a pescar... esta vez con una caña de pescar en vez de una red. Y el relato nos dice que Pedro atrapó justo el pez que Dios tenía en su voluntad, para que de esa manera Jesús y Pedro pagaran el impuesto del templo (ver Mateo 17:25-27).

Jesús usó higueras, panes y peces, Su saliva – todo tipo de cosas cotidianas – para hacer hincapié en temas importantes. Como mentores modernos, necesitamos usar cosas cotidianas para apuntar a nuestros mentoreados hacía una vida con Cristo.

El perdón es un asunto enorme para todos nosotros. Varias veces, los hombres del grupo vienen a contarme historias de sus jefes... Cómo son insensibles y actúan sin pensar. "¿Qué debo hacer? ¿Hago como que nada pasó? ¿Cuál debería ser mi reacción?"

Y mientras estamos sentados alrededor de la mesa del comedor, los miembros del grupo y yo hacemos preguntas, recordamos Escrituras relevantes, y al poco tiempo surge un camino. "Tengo que decirle lo que pienso... cómo me siento... y luego perdonarlo y seguir adelante". Es un curso de acción muy sabio, trazado por la persona que tiene más para ganar o perder, pero con un poco de ayuda de sus amigos... en su contexto.

## LO QUE SE DEBE DECIR (O NO SE DEBE DECIR) EN UN FUNERAL

Tengo un amigo que perdió a su padre después de una larga y debilitante enfermedad. Chris, uno de mis mentoreados conocía a este señor de un estudio Bíblico. Decidimos ir juntos al funeral. Al entrar a la recepción de la funeraria, Chris volteó conmigo y algo consternado me preguntó: "¿Qué se debe decir en estas situaciones?"

¿Has tenido esa sensación de inquietud? Nos da tristeza que se haya ido, pero al mismo tiempo sabemos que era inevitable. Había sufrido durante mucho tiempo… su familia estaba exhausta por tratar de cuidarlo. Ya era su hora.

"Nada", respondí. "No digas nada".

"¿Nada?" Preguntó con curiosidad.

"Nada. Mira a cada miembro de la familia directamente a los ojos, y dí: 'Lo siento mucho por tu pérdida'. Abrázalos. Y luego solo debes estar presente".

Aprendí esto años atrás cuando mi buen amigo Rick perdió a su esposa debido al cáncer cerebral. Estuve parado en la funeraria y observé pasar a cientos de personas, que no dejaban de hablar. Me dieron ganas de llorar por Rick. Acababa de perder a su esposa, y ahora tenía que escuchar a personas decir cosas como: "Ella se ve muy bien", después de mirar su cuerpo en el ataúd, y: "Yo sé que estás contento de que ella está en un mejor lugar". El pobre hombre acababa de perder el amor de su vida. ¡La quiere de regreso! ¡Ese mejor lugar puede esperar!

Lo que Rick necesitaba era la presencia de personas que se preocupaban por él y sus hijos. No existen palabras para expresar el dolor y la pérdida que él sentía, entonces ¿Por qué tratar de hacer lo imposible... de decir lo que no se puede expresar? Solo quédate en silencio. Sé amable, compasivo y demuestra que te importa. Pero mantén cerrada la boca.

No se le puede enseñar a la siguiente generación estas cosas en un aula de clases. Tenemos que atravesar las cosas con ellos. Tenemos que experimentar la vida juntos y enseñarles las cosas en el camino.

Verás, la vida no sucede dentro de la iglesia. La iglesia nos prepara para la vida, y nos provee un refugio cuando comienzan a azotar las tormentas de la vida. Sin embargo, la vida sucede en casa, en el trabajo, en las vacaciones, en nuestros vecindarios. Si vamos a compartir un "pedazo de nuestro mapa" con la próxima generación, para el beneficio de ellos debemos estar afuera en la carretera con ellos, haciendo la vida juntos. Las lecciones se enseñan en el contexto de la vida cotidiana, de las situaciones diarias, a través de la sabiduría plantada y nutrida por Dios en la vida de uno de Sus hijos más maduros.

## HABLANDO DE HIJOS

De todos los contextos que Dios utiliza para enseñarnos, yo creo que los hijos son una de Sus herramientas favoritas. Y no debería sorprendernos ya que Él mismo se explica a nosotros usando el paradigma de padre-hijo. Nuestros padres tuvieron un impacto profundo en nosotros al crecer... ya sea por omisión o por comisión. Por naturaleza sabemos cómo se siente ser un niño que depende de su papá para ser aprobado, tener valentía, guía y aún disciplina.

Pero en todos mis años de mentoría, he encontrado que muy pocos de mis mentoreados tienen padres sobresalientes. Sus padres han estado ausentes, o han sido abusivos, críticos y egocéntricos (muy parecidos a mí antes de rendirme a Jesús).

El resultado son hombres que han perdido el gozo de crecer sintiéndose completamente amados. En su libro *La travesía del corazón salvaje*, John Eldredge lo dice así:

> Hay muchísimos hombres que nunca han conocido la felicidad, la seguridad de ser el Hijo Amado, y por eso nunca han conseguido ser un niño en plenitud y libertad. Pueden ser furiosos; pueden ser inseguros; puede que hayan buscado el amor en la mujer, o en otro hombre. Puede que sean personas extremadamente competentes, o indiferentes hacia su formación y trabajo. Están por todas partes, necesitan

> saber. El niño que llevan dentro debe surgir desde las profundidades del alma donde está escondido o ha sido desterrado, para que así el hombre pueda «proseguir con su vida». El niño interior tiene que ser educado, criado hasta el estatus de Hijo Amado.[7]

Eldredge continúa diciendo que nuestro crecimiento como hombres está atrofiado por la ausencia de esta etapa de "hijo amado" y que debemos regresar y experimentarlo si vamos a madurar. Logramos eso al permitir que Dios cumpla con esa función de "padre" para nosotros... al comprender la realidad de que Dios es nuestro Padre, nuestro Padre perfecto. Y Él quiere amarnos... brindarnos su paternidad todos los días de nuestras vidas. ¡Somos Sus hijos amados!

Eso puede ser la parte más importante del contexto... darte cuenta de que sin importar en dónde estés o qué estés haciendo, tienes un Mentor. Él siempre está disponible. Él tiene la sabiduría del universo en la punta de Su lengua. Y se preocupa mucho por ti... y por mí.

Yo hice un "cambio de padre" hace muchos años. Afortunadamente, liberé a mi padre terrenal de su trabajo como padre (y de mis expectativas de lo que él debía ser y hacer) mucho antes de que él falleciera. Esa libertad o perdón − como quieras llamarlo − nos permitió sanar nuestra relación y ser amigos hasta el día en que falleció.

No perdí un padre cuando liberé a mi papá de sus responsabilidades; al contrario, gané uno. Porque permití que mi Padre celestial tomara su lugar. Mi Padre celestial ha sido grandioso. Él nunca me ha defraudado. Está ahí para mí, siempre disponible, siempre aceptándome y amándome. Él me da dirección si se la pido, pero también se mantiene fuera de mi camino y me deja "hacerlo a mi manera" si así yo lo decido.

Cuando el próximo grupo de mentoreados entre a mi comedor,

no pasará mucho tiempo antes de que comencemos a indagar en sus relaciones con sus padres. Y cuando empiezan a ver a sus padres con claridad, entonces podrán comenzar a ver hacia dónde se dirigen *ellos* como padres. Nuestra inclinación natural es criar a nuestros hijos de la misma forma en que fuimos criados. Entonces tenemos que tomar decisiones intencionales para ser padres de una manera diferente y hacer realidad esas decisiones. Yo he tomado algunas de esas decisiones y pude vivirlas con excelentes resultados. En otras no me mantuve muy firme y no me siento tan bien acerca de lo que hice. Y en otras más, simplemente no sabía qué hacer como un papá.

Mi meta es compartir con mis mentoreados lo que hice bien y lo que haría diferente. Lo confieso con tanta claridad y transparencia como puedo. Como un mentor, la única forma en que algo bueno puede surgir de los errores que he cometido es que otras personas puedan aprender de mis equivocaciones dolorosas.

A medida que cursamos el año juntos, surgen problemas con los hijos y, con frecuencia, esos problemas son llevados al grupo con una etiqueta muy grande que dice: "Necesito ayuda". Mientras escucho y guío el diálogo, le recuerdo al grupo que ellos tienen un Padre perfecto. Pregúntenle a Él qué quiere que hagan. Él es el modelo a seguir y un mentor mucho mejor de lo que yo jamás podría ser. Si puedo compartir lo que yo hice (o no hice) en una situación similar, lo haré... si es que estoy seguro de que lo ayudará en su problema.

El mentoreo no es consejería. Hay personas que fueron entrenadas para hacer eso. Cuando un mentoreado trae un problema al grupo, hay más detrás de la historia que me está contando (y probablemente más de lo que él incluso sabe). Por lo tanto, es peligroso comenzar a aconsejar y hablar cuando no se conocen todos los hechos.

Sin embargo, como mentor, si puedo tener la madurez de guiarlos hacia el Padre, entonces he hecho mi trabajo. Porque Él estará allí para mentorearlos mucho después de mi temporada.

# CAPÍTULO DIEZ

## UN COMPROMISO MUTUO

He estado liderando grupos de Mentoreo Radical por más de quince años. En total, ha habido 1440 oportunidades para que mis mentoreados lleguen tarde para una reunión o incluso que ni siquiera lleguen (ocho varones por grupo, doce reuniones en el año, quince años es igual a 1440 oportunidades de reunirse).

En quince años ha habido nueve ausencias y siete tardanzas. Eso significa que las personas han asistido y llegado a tiempo más del 99 por ciento del tiempo. ¿No es asombroso?

Y recuerda, no tengo ninguna autoridad sobre estos mentoreados. Todos somos voluntarios. Ellos no pagan nada por participar y no reciben una compensación por asistir, ni por ser puntuales.

He dirigido compañías en las que tenía *autoridad* sobre los empleados... controlaba sus ingresos y bonos... hasta incluso su seguridad laboral... y nunca he tenido nada parecido a ese tipo de récord de asistencia y de puntualidad.

Entonces ¿Qué es? ¿Soy muy talentoso? ¿Los amenazo con cuchillos y pistolas?

# NO TIENES PORQUE NO PIDES

En realidad, es tan simple como establecer expectativas claras desde el inicio y luego cumplir con ellas. Yo hago notar que es importante que todos asistan a cada reunión. Les persuado sobre el beneficio de ello y luego refuerzo esa expectativa cuando es necesario.

Anteriormente hablé de la situación cuando un mentoreado llamó a las 5:00 pm el día de nuestra reunión. "Regi, simplemente no podré llegar hoy en la noche. Mi jefe, el CEO, nos tiene en una sesión de planificación, y no terminaremos hasta las diez u once de la noche. ¿Qué debo hacer?"

He aquí el momento de la verdad... para mí y para Bryan. ¿Hago lo típico, amable y cristiano y lo dejo libre? Si lo hago, estaría comunicando que el asistir realmente no es tan importante. Recuerda, él firmó un pacto que decía: "Tendrás que tomar algunas decisiones difíciles" para lograr asistir a cada reunión y llegar a tiempo.

¿Mi respuesta?

"Bryan, tú hiciste un pacto conmigo y con este grupo".

"Sí, pero podría ser la vida o la muerte para mí en el trabajo. Mi CEO está parado aquí... ¿Hablarías con él?" me ruega Bryan.

"No, no necesito hablar con él. Tú sí. Debes explicarle la situación en la que te ha puesto, y luego debes tomar una decisión. Te amaré de cualquier forma, y no se te echará del grupo si no llegas. Pero ora sobre esto y toma una decisión sabia. Adiós". Y ahí es donde lo dejé.

Al igual que Bryan, tenemos que tomar decisiones difíciles todo el tiempo. Tal vez no sean tan visibles como esta, pero constantemente estamos decidiendo a cuál de nuestros compromisos vamos a fallar.

Andy Stanley habla de este dilema en su poderoso libro *¿A quién le haré trampas?* Su premisa es que nunca podremos cumplir con las expectativas de todos... tenemos que "hacer trampa" en alguna parte... quedar mal con alguien... "defraudar" o "decepcionar" algo.

Este fue un buen ejercicio de campo para Bryan, enfrentarse a su mentor y a su jefe y decidir cuál compromiso honraría. Y él escogió quedarse en el trabajo, para el disgusto de su grupo. Lo 'castigaron' en la siguiente reunión... y no de manera ligera. Yo no dije nada. Sin embargo, luego tuve la oportunidad de conocer en persona al jefe de Bryan. Me agradeció por mi inversión en Bryan y su respeto por Bryan aumentó al ver cómo manejó el proceso de toma de decisiones.

Cada año, uno de los nuevos mentoreados se olvida que vive en Atlanta, Georgia, (donde hay una cantidad significativa de tráfico cada día) y llega tarde. Me quedo sentado en silencio hasta que esa última persona se haya sentado. Entonces hago que todos abran sus diarios, y les indico que escriban esto: "En Atlanta, el tráfico siempre es un problema, pero rara vez una excusa".

Entonces les doy el discurso que te conté anteriormente, acerca de cuán devastado me sentí al darme cuenta que el llegar tarde comunicaba falta de respeto hacía las personas que me estaban esperando, y como sus cinco minutos de tardanza en realidad son cuarenta y cinco minutos de tiempo desperdiciado si detiene a un grupo (cinco minutos por nueve personas es igual a cuarenta y cinco minutos).

Usualmente ese es el último retraso en todo el año.

Si alguien llega tarde después de eso, comunico mi disgusto de maneras no verbales. Nunca me río de eso. Soy muy intencional sobre mantener un estándar... una expectativa... de que todos lleguen a tiempo.

# EL ALTO COMPROMISO ES ATRACTIVO

Alrededor del mundo las religiones con el crecimiento más rápido, de hecho las únicas religiones con crecimiento en el mundo, son aquellas que demandan algo de sus seguidores. El islam, particularmente el islam radical, es un ejemplo vívido, que llama a sus seguidores jóvenes a un compromiso total en todo sentido, incluso hasta la muerte.

Los mormones dan rigurosamente, evitan hábitos pecaminosos e invierten temporadas extendidas como misioneros alrededor del mundo. En Estados Unidos cuánto más conservadora es la denominación, más veloz es la tasa de crecimiento. Donde se les pide a las personas que hagan algo, que no hagan algo, que renuncien a algo, esas son las creencias crecientes. Solo tiene valor si es que te cuesta algo.

Esto no debería sorprendernos. Es un principio que Jesús enseñó claramente. "Porque donde esté tu tesoro, allí estará también tu corazón" (Mateo 6:21).

Nuestra libertad, nuestro tiempo, nuestro dinero... lo que sea que atesoramos... cuando renunciamos a ello por una causa, nuestros corazones también lo seguirán. Cuando nuestra participación es opcional... cuando podemos ir o no, tomarlo o dejarlo, entonces nuestros corazones no estarán involucrados.

Así que sabemos que diluir las cosas, reducir el nivel de compromiso requerido y quitar la responsabilidad reduce los números a largo plazo. ¿Por qué seguimos andando en esa dirección?

## LA TIRANÍA DE LOS NÚMEROS

Los Estados Unidos se ha preocupado solo por los números, los resultados que se pueden medir.

Dos pastores estaban hablando en un almuerzo:

"¿Cuántos están en tu escuela dominical?"

"Estamos con unos 350. ¿Y en el tuyo?"

"Oh, estamos un poco bajos ahora. Supongo que fue ese sermón sobre el pecado. Creo que nos recuperaremos de nuevo ahora que estamos hablando sobre la gracia".

Si los números no van en la dirección correcta, entonces algo anda mal. En toda nuestra sociedad somos impulsados por los números. Como solía decir mi director de finanzas: "Los números son como rehenes... tortúralos lo suficiente, y te dirán lo que sea que quieras oír".

En la gestión de ventas de Coca Cola o las cuotas de producción en Honda, los números son esenciales y no se pueden disminuir. Pero en la formación de seguidores de Jesús, pueden ser peligrosos.

Por lo general, queremos ser inclusivos al máximo. Queremos que asistan la mayor cantidad posible de personas porque pensamos que demostrará el éxito. Y en ciertos negocios, como la venta de boletos, eso puede que sea verdad. Pero en formar discípulos puede que no lo sea.

La iglesia en los Estados Unidos de América ha sido víctima de este juego de los números al hacer cualquier cosa para que más personas asistan. Pensamos que si les enviamos tarea, menos personas llegarán. Si insistimos en que sean responsables con la tarea, podríamos avergonzarlos y luego no regresarán. Y peor aún, les dirán a otros y entonces tendremos un problema más grande. Algunos predicadores son despedidos por cosas similares.

Constantemente comprometemos la calidad del programa o de la experiencia de aprendizaje con el fin de agradar al participante periférico. Al tratar de maximizar los números, minimizamos la efectividad.

Cada vez hay más jóvenes que quieren hacer una diferencia para el Reino. Ellos quieren aprender... y crecer. Están dispuestos a hacer sacrificios... a hacer compromisos y a cumplirlos. Están cansados de tener una participación tibia, indecisa, que se presenta "solo si tu quieres", que la muchas veces la iglesia tiene.

# NACIDO DE UN SENTIDO DE JUSTICIA

Cuando empecé a liderar grupos de mentoría, pensé mucho sobre este tema. Pregunté: "¿Por qué me comprometería a algo por un año, me prepararía, abriría mi casa y mi vida, todo para que entonces los varones asistan cuando les dé la gana? ¡Eso no es justo! Si yo me voy a comprometer, entonces ellos también tendrán que hacerlo. Y su compromiso debe *valer algo*".

Entonces desarrollé un pacto.

No te voy a aburrir con un discurso sobre pactos y contratos. Solo ten presente que hacer un pacto era algo de mucha importancia en los tiempos del Antiguo Testamento, y las personas de hoy sienten de manera innata que un pacto es un compromiso serio. Déjame mostrarte un pacto que elaboré.

## PACTO GRUPAL DE MENTOREO RADICAL

Por medio del presente nos comprometemos a hacer el siguiente pacto:

1. Me comprometo a ser fiel seguidor de Jesús, esposo, padre, hijo, hermano, amigo, hacedor de discípulos y líder cristiano completamente entregado.

2. Recibiré retroalimentación y crítica constructiva, directa y sin filtrar. Haré todo lo que pueda para

aceptarla con amor y aprender de ella. Evitaré estar a la defensiva, porque entiendo que cuando me defiendo pierdo la oportunidad de aprender. Me comprometo a estar dispuesto a examinarme yo mismo – mi personalidad, mi pasado, mis hábitos, mi enojo y mis reacciones a las personas. Quiero aprender. Quiero cambiar, quiero ser más como Jesucristo con cada fibra de mi ser.

3. Me comprometo a asistir a cada reunión y retiro, a estar ahí puntualmente y a tener mi tarea completada. Sin excepciones, a menos que se presente un obstáculo *providencial*. Entiendo y estoy de acuerdo en que tendré que decir "no" a otras cosas importantes con el fin de cumplir este compromiso, y estoy dispuesto a hacerlo. Estableceremos nuestra agenda para todo el año en nuestra primera reunión. Gestionaré mis otros compromisos en torno a las fechas seleccionadas para las reuniones y retiros.

4. Me comprometo a terminar esta temporada de mentoreo. Yo entiendo que mi mentor y el grupo habrán hecho una inversión significativa en mí. Ya que sería injusto e irrespetuoso hacer lo contrario con ellos, me comprometo con la temporada en su totalidad y terminaré bienl.

5. Entiendo que este proceso de mentoreo está basado en Jesucristo, Su mensaje y Su plan para nuestras vidas. Seré totalmente vulnerable en cuanto a mi

relación con Cristo, con el fin de crecer en mi fe.

6. Mi mentor se compromete a mostrar el mismo nivel de compromiso, dedicación y energía, que a mi se me exige. Mi mentor visitará a cada uno de nosotros en nuestro lugar de trabajo en algún momento durante el año; y él intentará enseñar y liderar con un corazón humilde, transparente y amoroso.

7. Me comprometo a la total confidencialidad. Lo que se dice en el grupo se queda en el grupo.

8. Además, me comprometo, en el momento cuando el Señor me indique que estoy listo, a escoger algunos hombres y yo mismo lideraré un grupo como este.

9. He dialogado sobre este compromiso con mi esposa y ella apoya completamente mi participación. Ella voluntariamente renuncia al tiempo que me tomará asistir a las sesiones y retiros y para hacer la lectura y la tarea, con el objetivo de que yo me convierta en un hombre conforme el corazón de Dios.

Ahora eso es bastante serio. Cada candidato para mentoría recibe este pacto antes de que sea seleccionado para entrar al grupo. Y se les dice: "Mira, si no puedes cumplir con todo esto, entonces no te comprometas. Estarás ocupando el puesto de alguien que sí *puede* y que sí se comprometerá".

El Mentoreo Radical no se trata de cuán ancho; se trata de cuán profundo. No se trata de cuántos podemos mentorear; se trata de llevar a los que sí podemos mentorear más profundo en su fe. Así que está bien si alguien no puede hacer este pacto.

Cada una de las disposiciones del pacto merece algún tipo de explicación.

**1. Entrega total.** Mi meta es ayudarles a estos varones a convertirse en seguidores de Jesús completamente entregados. Si no les interesa eso también, entonces ambos estamos desperdiciando nuestro tiempo.

**2. Crítica constructiva e introspección.** Quiero que cada mentoreado entienda que la mentoría requiere honestidad. Jesús no diluyó las palabras para Sus discípulos. Decía las cosas directamente, tal como las veía. Un buen mentor tiene que ser honesto, no para darse golpes de pecho, sino porque es lo que realmente ayuda al mentoreado. En ningún otro lugar del mundo podemos recibir crítica constructiva directa, honesta y con buena intención. Además, quiero invertir en personas que aprenden... personas que están abiertas a examinarse ellos mismos... que quieren crecer y ser todo lo que Dios los creó para ser.

**3. Asistencia y puntualidad.** No puedes desarrollar intimidad y confianza en un grupo que realmente nunca se convierte en un grupo. Cuando la asistencia es esporádica, no te acuerdas de quién escuchó qué. Rápidamente todos terminan en páginas diferentes. No es igual a un estudio Bíblico en donde simplemente te pones al día con la tarea y listo. Esto se trata de personas que comparten sus corazones, cuentan sus historias de vida, lidian con problemas que otros en el grupo probablemente enfrentarán tarde o temprano. Por ende, no puedes empezar de nuevo constantemente y repetirlo todo vez tras vez. Y como lo describí anteriormente, cuando ocho personas están esperando por una persona que viene tarde, cada minuto desperdiciado se multiplica por nueve. Entonces cinco minutos de tardanza significa cuarenta y cinco minutos de tiempo desperdiciado. Eso es inaceptable.

**4. Terminar.** Si me voy a comprometer a un año entero, entonces ¿Por qué no debería cada persona en el grupo hacer el mismo compromiso? Si es que uno o siete se retiran, yo no abandonaré mi compromiso, entonces ¿Por qué no demandar el mismo compromiso de los mentoreados? En ocho años ha habido tres personas que se mudaron durante el año, y en cada caso viajaban regularmente para asistir a las sesiones y retiros sin perderse uno solo. Un año, Jonathan viajaba nueve horas de ida y vuelta desde Slidel, Louisiana a Atlanta, para completar el año de mentoreo y cumplir con el pacto grupal de mentoreo.

**5. Cristo céntrico.** No tengo vergüenza al respecto. Jesucristo no es una prioridad en mi vida; Él es mi vida. Y mi propósito al ser mentor de estos hombres más jóvenes es mostrarles de qué se trata esa vida centrada en Cristo. Sin sorpresas. Sin excusas.

**6. El compromiso del mentor.** Mi pacto es con Dios, pero lo explico un poco aquí para que los mentoreados puedan ver. Quiero que ellos tengan la libertad de pedirme cuentas para cumplir mis promesas. Durante el tercer año de liderar estos grupos, mi suegra estaba a punto de morir. Mi esposa y yo estábamos junto a su cama en otro estado. A las 7:05 pm, sonó mi teléfono celular y el número entrante era el teléfono de mi casa en Atlanta. ¿Podría estarme llamando yo mismo? No, era mi grupo de mentoría. Había fallado en avisarles de la situación, y ellos habían llegado a mi casa, lograron entrar, y estaban sentados alrededor de la mesa, esperando a que yo llegara. No hace falta decir que estuve avergonzado y también humillado. Pero al mismo tiempo estaba orgulloso de que mis mentoreados tomaban su compromiso tan seriamente. Organicé la reunión por teléfono. Yo la inicié, y ellos se hicieron cargo después. Aparte de eso, nunca me he perdido una reunión, un compromiso o una tarea.

**7. Confidencialidad.** Ya que todos estamos compartiendo *nuestros* "lados oscuros", del pasado y el presente, es crucial que el grupo sea un lugar seguro.

**8. Multiplicación.** IPara que yo acepte invertir en un mentoreado, él tiene que aceptar invertir en la siguiente generación. Llámalo una "cadena de favores" si quieres. Yo lo llamo multiplicación. Habrá más sobre eso en el siguiente capítulo.

**9. Aprobado por la esposa.** Es importante que la esposa de cada mentoreado esté de acuerdo con el proceso. Si ellas no lo aprueban, entonces el tiempo que los mentoreados pasan conmigo o trabajando en cosas para el grupo podría convertirse en un conflicto.

## JESÚS ESTABLECIÓ EL ESTÁNDAR

No sabemos cómo Jesús creó compromiso en Sus mentoreados. Sabemos que Él tenía un gran número de discípulos... sabemos que en una ocasión envió a setenta. En ocasiones cientos le seguían, y a veces cuatro o cinco mil estaban sentados a Sus pies, escuchando Sus enseñanzas. El haber sido escogido como apóstol, uno del grupo, uno del círculo interior, debe haber sido bastante especial.

La única cualidad humana de la que siempre podemos depender es el interés egoísta. Y aunque sabemos que estos varones se sintieron especiales al ser escogidos por este rabino "estrella de rock", también tenían otros motivos. Al menos unos cuántos de los discípulos probablemente tuvieron visiones de poder terrenal, de estado social, tal vez incluso riquezas. Siguieron con una sensación de asombro al ver a este hijo de carpintero ordinario sanar a las personas, resucitar a las personas de la muerte y hablar con una sabiduría asombrosa. Pero en el fondo de sus mentes había un reino terrenal... y una posible libertad de Roma... y ellos podrían ser piezas importantes si es que eso sucedía.

Esto se hace obvio al final cuando Jesús es arrestado y crucificado. Sus mentoreados se dispersaron. Los pescadores regresaron a sus redes. Aún se reunían, tratando de descubrir qué había sucedido exactamente. Sus sueños se frustraron y, al menos para ellos, su misión había *terminado*. Pero cuando Jesús regresó a la vida, todo cambió. Sus enseñanzas cobraron vida al igual que Él. Ellos vieron "la reconstrucción del templo en tres días" y comprendieron su significado.

Cuando Él ascendió cuarenta días más tarde, ellos comenzaron a contar la historia completa de lo que habían visto y oído. Al final, su compromiso con Jesús y con la misión de testificar, les costó la vida a todos, excepto a Juan.

Jesús no estaba ahí para hacerlos responsables... para llamarles la atención cuando llegaban tarde o cuando se desviaban del camino. Pero ellos tenían al Espíritu Santo y madurez, al igual que nosotros hoy en día. El Espíritu Santo convence, guía y consuela. Y la madurez de ellos les facilitó saber qué era importante... cuándo hablar y cuándo callar... y cómo comunicar el mensaje de Jesús efectivamente.

Estar atentos a Dios... la madurez en nuestra relación con Él... de eso se trata el Mentoreo Radical.

Sin compromiso no puedes llegar hasta ese punto. Pero el crecimiento que puede ocurrir cuando un mentor y sus mentoreados hacen un pacto y lo cumplen es bastante asombroso. Dios honrará ese compromiso y se mostrará. Él lo prometió.

# CAPÍTULO ONCE

## CADENA DE FAVORES

Según el internet, la expresión "cadena de favores" se usa para describir el concepto de un beneficiario tercero en el que un acreedor ofrece al deudor la opción de pagar la deuda a una tercera persona en lugar de devolverla. La deuda y los pagos pueden ser monetarios o mediante buenas acciones.[8]

Este concepto fue descrito por Benjamin Franklin, en una carta a Benjamin Webb el 22 de abril 1784:

> No pretendo darle tal suma; solamente prestársela. Cuando usted [...] se encuentre con otro hombre

honesto atravesando por una dificultad similar, me pagará a mí prestándole la misma suma; y le pedirá que pague su deuda de una forma semejante, una vez que se halle en condiciones de hacerlo, y se le presente la oportunidad. Confío que de este modo la suma pasará por muchas manos antes de caer en las de un pícaro que detenga su curso. Este es un artificio que uso para hacer mucho bien con poco dinero.

El término en inglés "pay it forward" (cadena de favores) se acuñó, o al menos se popularizó, por Robert A. Heinlein en su libro *Between Planets (Entre planetas)*, publicado en 1951:

El banquero metió la mano en los pliegues de su vestimenta y sacó una sola nota de crédito. "Pero come primero – un estómago lleno estabiliza el juicio. Hazme el honor de aceptar esto como nuestra bienvenida al recién llegado".

Su orgullo dijo no; ¡Su estómago dijo SÍ! Don lo tomó y dijo: "Bueno, ¡Gracias! Es demasiado gentil de su parte. En cuánto pueda, se lo pagaré".

"En su lugar, págueselo a otro hermano que lo necesite".

A veces hacemos conexión del término "cadena de favores" con la película del año 2000 con el mismo título protagonizada por Kevin Spacey, Helen Hunt y Haley Joel Osment.

Osment interpreta a un niño de doce años al que se le ocurre la idea de hacer tres buenas acciones por los demás en pago de una buena acción que uno recibe. Tales buenas acciones deberían ser cosas que la otra persona no puede lograr por sí misma. De esta manera, la necesidad de ayudarse unos a otros puede extenderse exponencialmente a través de la sociedad, creando un movimiento social con el objetivo de hacer del mundo un mejor lugar.

El mentorear como Jesús lo hizo es el máximo desafío de "cadena de favores". ¿Por qué?

# LOS REGALOS NO SE PAGAN

Primero y, ante todo, no podemos pagarle a Dios por lo que Él ha hecho por nosotros. El regalo de la salvación, el regalo del perdón, el regalo de la vida eterna, el regalo de Su presencia en nuestras vidas... son activos invaluables que Él nos dio. No debemos nada. La deuda fue cancelada... El precio fue pagado por Jesús en la cruz.

Pero, ¿Qué pasa con las personas que nos guiaron a Jesús? ¿No podemos pagarles por el favor? La respuesta aquí es no, por varias razones.

Tenemos que reconocer que su acuerdo fue con Dios, no con nosotros. Simplemente fueron obedientes a Él... hicieron lo que les pidió que hicieran. Dios fue el que guio, que amó, que salvó e incluso discipuló. Él simplemente permitió que Su equipo... sus hijos, participaran de la diversión.

Segundo, las personas que nos guiaron a ti y a mí a Cristo, si tuvieron las motivaciones correctas, no quieren que se les dé nada a cambio. La forma de pagarles es pagar a alguien más.

En mi libro *En los Negocios de mi Padre* (About my Father's Business) describí mi relación con Craig Callaway y cómo él llegó a ser Cristiano después de doce años de conversaciones. Craig es uno de mis mejores amigos ahora, y actualmente mantiene diálogos con un colega llamado Jeff. Comparte libros, contesta sus preguntas y ayuda a Jeff en su peregrinaje espiritual hacia Jesús.

*Nada* me podría dar más placer. Ningún regalo de agradecimiento puede ser tan significativo como ver a mi amigo Craig tratar de "devolverlo" a Jeff. No podría pagarme a mí de todos modos... yo solo hice lo que Dios me pidió que hiciera. Al llegar a ser amigo de Craig, no sería posible ser un amigo verdadero sin preocuparme por su dirección y destino espiritual. Con el tiempo traté de ayudarlo con sus preguntas y llevarlo hacia una relación con Cristo. Sin presión. Sin prisa. Solo con amor y aceptación. Las mismas cosas que ahora le está expresando a Jeff.

# EL MENTOREAR ES UNA CADENA DE FAVORES

En la película *Cadena de favores*, cada buena acción es devuelta a alguien más con tres buenas acciones adicionales. Imagina si esto fuera multiplicado por ocho en vez de tres. Y ¿Qué si las personas haciendo la cadena de favores estuvieran haciendo buenas acciones con un impacto eterno?

Como dije al inicio de este libro, el modelo "cadena de favores" o de multiplicación que Jesús utilizó, produce números sorprendentes. Cuando piensas en enseñar una clase de escuela dominical de ocho personas por siete años, habrás impactado a cincuenta y seis personas. Pero cuando cada persona que yo mentoreo participa en la cadena de favores y mentorea a ocho más, y ellos después a ocho más, dentro de poco, habrá un movimiento. Eso es lo que Jesús creó y lo que Él pretendía que nosotros continuemos y expandamos.

He escuchado que no tienes un discípulo, hasta que él tenga otro más. Eso parece un estándar bastante alto en la actualidad. El usar ese principio elevaría los estándares considerablemente. Es decir que hasta que la persona en quién he invertido tenga una fe lo suficientemente profunda y esté lo suficientemente motivado para hacer lo mismo con alguien más, mi trabajo como mentor no ha terminado.

Pero ¿Cómo puedo afectar lo que otra persona va o no va a hacer? ¿Cómo puedo afectar no solamente la siguiente generación sino la generación después de esa?

Una vez escuché a Bruce Wilkinson abordar esa pregunta. Bruce puso tres sillas en la plataforma, y utilizó los ejemplos de David, Salomón y Roboam.

En la silla número uno, puso a David. Todos sabemos que David era un "hombre conforme al corazón de [Dios]" (Hechos 13:22). Él era un *apasionado* por Dios en cada dimensión de la vida. Sin embargo, ¿Fue intencional y apasionado por transmitir su fe a la siguiente generación?

La silla número dos representaba a Salomón. Salomón era un seguidor de Dios, pero no tan apasionado como su padre David. Comenzó muy bien, pero conforme leo Eclesiastés, escucho la voz de un hombre que ha perdido su camino. Su comportamiento lo demostró al comprometer las instrucciones de Dios, casándose con una egipcia en desobediencia a Dios y finalmente volviéndose corrupto y pervertido. Él tenía fe, pero era inteligente por sí mismo, y su fe era *moderada*. Parece que captó muy poco de lo que su padre le transmitió.

El hijo de Salomón, Roboam, era representado por la silla número tres. Roboam encontró confusa la fe que Salomón le transmitió. Parecía significar algo, pero en cierto modo no. Para el momento en que Roboam asumió el reino, su fe *no tenía sentido*. Su renuencia a recibir consejo llevó a la división de Israel en dos países y, finalmente, a la pérdida del reino por completo.

¿El punto?

Vamos a transmitir nuestra fe primeramente a nuestros hijos y después a otros. Esa fe será lo que es... si somos apasionados, ellos lo sabrán. Si estamos moderadamente comprometidos a Jesús, lo que transmitiremos será moderado en el mejor de los casos y probablemente no tendrá sentido. No hay cómo fingirlo. Las personas son inteligentes. Ellos conocen la diferencia entre una fe genuina y auténtica y una fe pública superficial. Me encanta la claridad de la frase de C. S. Lewis: "El Cristianismo, si es falso, no tiene importancia, y si es verdadero, tiene una importancia infinita. La única cosa que no puede ser es moderadamente importante".

Pero solamente tener una fe intensa y una relación íntima con Cristo no asegura que será transmitida a la siguiente generación. Necesitamos ser intencionales.

## INTENCIONAL - MI NUEVA PALABRA FAVORITA

Hacemos muy pocas cosas de las que pensamos que vamos a hacer. Como dice el dicho: "El camino al infierno está lleno de buenas intenciones". Con la tecnología ahora tengo evidencia clara de mi obstinación. Hago mi lista de quehaceres, la jalo hasta mi calendario electrónico, y luego veo como la lista de tareas pendientes se acumula cada vez más. Cuando se trata de interacciones con personas, es aún peor. Esas interacciones tienden a ser aún más esporádicas y al azar.

El enfoque de mentoría que he descrito en este libro está centrado en ser intencionales. Elimina mis excusas para no invertir en generaciones futuras. Al escoger un grupo pequeño de personas, organizar un horario de reuniones, asignar libros para leer y Escrituras para memorizar, he creado un plan intencional para influenciar este grupo de personas para Cristo.

En el programa todo es intencional. Cada Escritura está intencionalmente conectada a un asunto cotidiano. Cada libro es seleccionado para abordar un área de nuestra vida y caminar con Dios... Desde la toma de decisiones, a establecer prioridades, a la guerra espiritual, al matrimonio y paternidad, cada lectura es intencional. El visitar a cada varón en su oficina es intencional.

El jugar con los hombres del grupo durante los retiros es intencional. Pagar por sus alimentos es intencional. Cocinar y limpiar después de la comida es intencional. Servirles la Santa Cena es intencional, orar con ellos es intencional, y luego graduarlos y enviarlos a devolver el favor a otros es claramente intencional. Cada cosa tiene la intención de ayudarlos a que se conviertan en los hombres que Dios quiere que sean.

## LA MADUREZ ES ESENCIAL

El principio básico del mentoreo es enseñar a los mentoreados no solamente cómo hacer algo sino a ser alguien. Ojalá, a través del tiempo que estuvimos en el año de mentoreo, mis mentoreados habrán visto algo de Jesús en mí y estarán en el camino de replicar lo mismo en sus propias vidas.

Al principio de este libro compartí los que en mi opinión son los atributos que tienen los mejores mentores. Pero quiero traer esos atributos a primer plano una vez más.

**Madurez.** Un buen mentor debe tener madurez. Es esencial. No es negociable.

Ladefinicion.com define *madurez* como el "punto en el cual un objeto o persona llega a un estado de crecimiento o desarrollo avanzado". Espiritualmente, ninguno de nosotros *sentirá* que hemos alcanzado ese punto. Pero tener un "crecimiento avanzado" desde una perspectiva espiritual no es tan difícil de cerciorarse. Afortunadamente, no tenemos que adivinar qué significa *crecimiento avanzado*. Nuestro Dios y Padre lo ha explicado claramente.

**Fe.** Un cristiano maduro, está conectado con un cuerpo de creyentes y tiene una fe firme como una roca en Jesucristo. Él usa el "cuerpo" (es decir la iglesia), e invierte en él para edificar a los más jóvenes. Y ¿Por qué? "Ellos tienen la responsabilidad de preparar al pueblo de Dios para que lleve a cabo la obra de Dios y edifique la iglesia, es decir, el cuerpo de Cristo. Ese proceso continuará hasta que todos alcancemos tal unidad en nuestra fe y conocimiento del Hijo de Dios que seamos maduros en el Señor, es decir, hasta que lleguemos a la plena y completa medida de Cristo" (Efesios 4:12-13 NTV).

Es un ciclo. Somos mentores para que el cuerpo pueda ser edificado – para que pueda tener unidad, conocimiento de Jesús y madurez espiritual al máximo. Luego los maduros hacen obras de servicio, las cuales incluyen mentorear a la siguiente generación. Y así sucesivamente.

**De buen corazón.** Un cristiano maduro tiene un buen corazón. Mientras Jesús enseñó usando la parábola del sembrador, describió al creyente maduro. "Pero la parte que cayó en buen terreno son los que oyen la palabra con corazón noble y bueno, y la retienen; y, como perseveran, producen una buena cosecha" (Lucas 8:15)).

**Confiado.** Un cristiano maduro que está listo para ser un hacedor de discípulos tiene confianza. No es arrogante... no sabe todas las respuestas. Pero conoce al Dios que sí lo sabe todo y sabe cómo encontrar esas respuestas a través de la oración y la Palabra de Dios. Mira esto: "Les manda saludos Epafras, que es uno de ustedes. Este siervo de Cristo Jesús está siempre luchando en oración por ustedes, para que, plenamente convencidos, se mantengan firmes, cumpliendo en toda la voluntad de Dios" (Colosenses 4:12).

**Dependiente de Dios.** Mientras que la madurez involucra confianza, no es confianza en uno mismo. Es confianza en un Dios confiable. "Que todos los que son espiritualmente maduros estén de acuerdo en estas cosas. Si ustedes difieren en algún punto, estoy seguro de que Dios se lo hará entender" (Filipenses 3:15 NTV).

**Sabiduría.** Una persona sabia conoce la diferencia entre el bien y el mal y escoge hacer lo correcto sin importar las consecuencias. Sabiduría viene al adquirir conocimiento y aplicarlo, adquirir experiencia que puede ser aplicado en situaciones futuras. La madurez viene con la experiencia evaluada. "Pero el alimento sólido es para los que han alcanzado madurez, para los que por el uso tienen los sentidos ejercitados en el discernimiento del bien y del mal" (Hebreos 5:14).

**Perseverancia.** Para ser maduro, uno tiene que haber enfrentado desafíos y superarlos. Tienes que haber vivido lo suficiente para saber que se necesita trabajo y paciencia para las cosas que valen la pena tener. "Y la constancia debe llevar a feliz término la obra, para que sean perfectos e íntegros, sin que les falte nada" (Santiago 1:4).

# ¿CUÁNDO ESTARÉ LISTO PARA MENTOREAR?

Si leíste estas últimas palabras y sabes en tu corazón que todas estas palabras te describen, entonces estás listo para mentorear. ¿No es maravilloso cómo Dios nos da las respuestas a las preguntas importantes?

Uno de los errores que he cometido al mentorear es hacer que los jóvenes crean que ellos tienen que esperar hasta que tengan más de cuarenta años... "Ya cuando sepan algo". Ese fue un error y lo he corregido desde entonces.

Fui mentor de Brian hace un par de años. Él fue uno de aquellos de ese "círculo íntimo" del cual hablé anteriormente... el "grupo dentro del grupo". Brian me llamó un día para decirme que iba a empezar a mentorear. Aún no tenía cuarenta, pero él estaba listo.

"Regi", Brian dijo, "Solía pensar que había el tiempo específico para comenzar a mentorear. Ahora pienso que hay *un* tiempo para comenzar, y mi tiempo es ahora". Cuando pienso en Brian y hago esas preguntas, creo que él tiene razón.

- *¿Tiene una fe firme como roca en Jesús? Sí.*
- *¿Está conectado y comprometido con la iglesia… un cuerpo de creyentes? Sí.*
- *¿Es de buen corazón? Absolutamente… lo he visto vivir su fe.*
- *¿Es confiado? Sí.*
- *¿Es dependiente de Dios? Sí, y de una manera saludable.*
- *¿Es sabio? Sí.*
- *¿Perseverará? Sí, él es un tipo de persona que se "queda y juega"… no alguien que abandona el juego..*

Así que ahí lo tienes. Se lanza un nuevo mentor. Y Dios está sonriendo.

## PERO ¿POR DÓNDE EMPIEZO?

Otra pregunta que surge constantemente es ¿A quién se debe mentorear, dónde empezar, qué rango de edad?

Recientemente, mientras conducía por la autopista se me ocurrió algo. La respuesta yace en una palabra… confianza. Un mentor necesita confianza de que sabrá la mayoría de las preguntas que le harán. Sí, es conocer las preguntas que le harán lo que le da la confianza para ponerse a sí mismo en un rol de mentor. Nadie sabe todas las respuestas. Pero haber vivido una etapa de la vida y haber lidiado con las preguntas que surgen nos da la confianza para recorrerla junto a otros más jóvenes.

Entonces aquí hay un enfoque: piensa hacia atrás.

Comenzando desde donde estás ahora, piensa hacia atrás tanto como sea necesario hasta llegar a una temporada en la que tengas confianza en tu capacidad de ser mentor, en conocer las preguntas que tendrán las personas dentro de ese marco de edad (y algunas de las respuestas). Y entonces habrás descubierto tu lugar para empezar.

Clay estuvo en mi octavo grupo de Mentoreo Radical cuando tenía tan solo 28 años. Llevaba cuatro años casado y era bastante maduro para su edad. Después del grupo él quería mentorear... inmediatamente.

Al mirar en retrospectiva las diferentes temporadas de la vida por las que había recorrido, vio:

- Un joven casado recién salido de la universidad; primer trabajo, sin hijos
- Un joven universitario
- Estudiante de último año de secundaria, preparándose para ingresar a la universidad

¡Bingo! A los 28 años, Clay conocía las preguntas con las que se enfrentan los estudiantes de último año de secundaria. Ya había estado allí. Él había "navegado por esas aguas" con éxito diez años antes. Y tuvo esos diez años para digerir su experiencia... para dar sentido a las decisiones que tomó y para ver cómo se desarrollaron esas decisiones en la universidad, en el matrimonio y en su ingreso al ámbito de trabajo.

Él tenía confianza en su capacidad de ser mentor para los estudiantes de último año de secundaria. Después de escoger personalmente a su primer grupo, él les guio a través de una temporada de mentoría significativa y luego lo hizo de nuevo con un segundo grupo.

Claro que incluía más que eso. Oró. Buscó "la paz de Cristo" en cuanto a su decisión. Habló con su esposa. Buscó el consejo de otros dos mentores antes de lanzarse a ello. Pero descubrió en donde empezar mirando hacia atrás.

Tómate unos minutos y piensa en tus "etapas de vida". ¿Dónde estás ahora? ¿Qué etapa de la vida o edad atravesaste antes de la actual? ¿Cuál era la anterior? Continúa pensando hacia atrás en esas etapas, una por una, hasta que llegues a una en la que pienses: *¡Oye, sí sé algo sobre esa etapa!* El rango de edad en el que conoces las preguntas (y algunas de las respuestas), ahí es donde te sentirás seguro como un mentor. Y probablemente es donde deberías iniciar.

# EL COMPROMISO PARA REPLICAR

Ya sea que apliques mis once prácticas del mejor mentor del mundo o no, espero que al menos apliques el principio de la "cadena de favores" y lo conviertas en un hábito. Nunca estés de acuerdo en ser mentor de alguien a menos que él esté de acuerdo en ser mentor de alguien más en algún momento. Y como he dicho, me gustan los números cuando alguien devuelve el favor a un grupo de seis a ocho personas.

Jesús nunca tuvo dudas sobre la replicación. Desde Su primer llamado a Sus primeros mentoreados, Él dejó muy claro que Su reino se trataba de convertirlos en "pescadores de hombres". Se trataba sobre algo más que solo llevar a los discípulos a la fe. Obviamente habían demostrado su fe al abandonar sus redes y dar el primer paso. Si Jesús solo estuviera esperando que ellos creyeran, podría haber dicho de inmediato: "Está bien, está bien, está claro que ustedes creen en Mí. Han demostrado que están dispuestos a dejar lo que están haciendo para seguirme. Así que regresen a trabajar y tengan un lindo día. Su fe los ha salvado".

Pero esa no fue la razón porqué lo hizo. Él quería que ellos experimentaran el gozo de ser parte del proceso de redención... de convertirse en "pescadores de hombres". Y lo hicieron.

Y así como empezó la relación de mentoría terrenal de Jesús con Sus mentoreados, terminó con el mismo llamado de "ir y hacer discípulos". Un desafío muy consistente, diría yo.

Y ellos hicieron lo que Él les pidió, viajaron por miles de kilómetros, contando las historias de Jesús — no tanto lo que Él enseñó sino lo que ellos vieron. Al final, la mayoría de ellos fueron asesinados por contar lo que vieron hacer a su mentor. Eso es compromiso.

Mis mentoreados se comprometen a ser mentores de, al menos, un grupo en el futuro. Algunos mentorearán uno a uno. Yo creo que muchos lo harán de por vida y liderarán muchos grupos (varios ya lo han hecho). Es difícil parar cuando experimentas el gozo de ver a tus mentoreados ser completamente maduros, así como lo dice la Escritura y saber que tú fuiste parte del proceso.

# EL MENTOR VERDADERO

Te he guiado a través de las prácticas de cómo ser un mentor como Jesús. Mi esperanza y mi oración es que tú seas inspirado a convertirte en un mentor también. Será una de las cosas más satisfactorias y llenas de propósito que experimentarás en tu vida. No fallarás, mientras que tus motivos sean puros y sigas los principios que hemos visto aquí.

Pero hay un punto más que hacer... tal vez el más importante de todos cuando se trata de mentorear. Dios es el mentor. Siempre.

Él quiere ser el mentor perfecto para cada uno de Sus hijos. Cuando estamos "sentados a los pies" de personas mayores y más sabias, Él nos demuestra Su amor, Él nos enseña, nos mentorea.

Mientras hacemos lo mismo para nuestros mentoreados, Él está haciendo la obra, enseñando las lecciones, dando la guía. Todo se trata de Él.

De la misma manera que en nuestras propias fuerzas no podemos "salvar" a nadie, tampoco podemos mentorear a nadie. Los amamos, oramos por ellos, les damos nuestro mejor consejo y ayuda, pero Dios trae el aumento, y por ende Dios se lleva el crédito.

Después de todo, Él es el mejor mentor del mundo.

# EPÍLOGO

*El siguiente Epílogo proviene del Director Ejecutivo de Mentoreo Radical, Kevin Harris. Kevin fue un mentoreado en el segundo grupo de mentoría de Regi Campbell en 2002. Fue una experiencia que cambió la vida de un recién casado de 27 años. Kevin trabajó muchos años en la industria de servicios financieros antes de que Regi lo invitara al equipo de Mentoreo Radical a principios del 2015. Uno de sus roles principales es conectarse con iglesias que quieren establecer programas de grupos pequeños de mentoría intencionales y sostenibles. A lo largo de "Mentorea como Jesús", Regi ha establecido los principios e ideas que guían el estilo único de Mentoreo Radical... Mentorear como Jesús. En este breve epílogo, Kevin explicará porqué el mentorear en grupos pequeños y la iglesia local se llevan tan bien.*

Así que te hemos convencido sobre el concepto de mentoreo en un grupo pequeño. Para algunos de ustedes, lo que han leído aquí es una respuesta a la oración. "Bueno, ahora conozco un proceso para hacer discípulos de la manera en que Jesús lo hizo". ¡Felicitaciones! Acabas de unirte a una comunidad de hombres en todas partes de los Estados Unidos e incluso otros países, que están liderando grupos como este. Muchos sienten que han encontrado propósito y un ministerio personal que continuará por el resto de sus vidas.

Pero otros han intentado lanzarse al Mentoreo Radical y no han sido exitosos. ¿Cuál es el problema más grande? No poder encontrar mentoreados. ¿Dónde están los hombres que quieren ser fieles seguidores de Jesús? Están en la iglesia. Estos hombres jóvenes acuden en masa a los programas que ofrece la iglesia, pero no tanto a "lo demás". Ellos asisten a eventos, contribuyen en recaudaciones de fondos y leen los correos, pero dedican su principal "capacidad espiritual" a su iglesia local.

Y esto no solo es una historia que hemos escuchado. Yo he experimentado esto personalmente. Poco después de unirme a Mentoreo Radical, empecé a buscar a hombres jóvenes para acompañarme en mi primer grupo... pero no pude encontrarlos. Me acerqué a mi red de conocidos, pero casi sin resultados. Me di cuenta que después de pasar los últimos 11 años dedicado al trabajo, incluyendo viajes casi todas las semanas, no estaba conectado a mi iglesia y comunidad como me imaginé. Después de muchas llamadas telefónicas, correos electrónicos y oraciones, Dios finalmente entregó cuatro hombres a mi vida (un gran saludo a mis primeros mentoreados Chris Chandler, Jonathan Hull, Jordan Kincaid y Brandon Woods).

Los cuatro varones se han comprometido por completo al grupo y estoy eternamente agradecido por ellos y por el comienzo de lo que será un viaje de por vida de mentoreo para mí. Pero no debería ser tan difícil, y mientras he pensado en lo que me sucedió a mí y lo que está sucediendo a otros mentores potenciales, me he dado cuenta de varias cosas...

1.   Cuando mi iglesia local ofrece un programa... apoyado por el pastor principal, miembros del persona y líderes laicos muy respetados, los hombres son más propensos a considerarlo seriamente a diferencia si es "solo un buen tipo" tratando de hacer discípulos.

2.   La iglesia (todavía) es el mejor lugar para encontrar a hombres que quieren crecer en su fe. Incluso si no van a mi iglesia, todos los hombres de mi grupo están conectados a una iglesia local.

Y mientras continúo trabajando con iglesias, también estoy viendo un cambio en sus necesidades. Muchas iglesias hoy en día sienten una necesidad más fuerte de levantar y desarrollar a líderes laicos para el futuro... sin importar la denominación o tipo de iglesia. Estos son algunos de los desafíos que enfrentan muchas de las iglesias con las que trabajo...

1.   Las familias más ocupadas equivalen a una menor asistencia a la iglesia... una menor asistencia a la iglesia conduce a una menor conexión con la visión y la misión de la iglesia... menos conexión con la iglesia conduce a que den menos... y esto sigue, sigue y sigue. Otro efecto de menor asistencia es una base más pequeña de voluntarios, lo que lleva a un posible agotamiento del personal de la iglesia... y un personal agotado junto con una base pequeña de voluntarios es una fórmula para el desastre.

2.   El ministerio tradicional para hombres no está produciendo hacedores de discípulos. Mientras continúo trabajando con iglesias, lo que veo vez tras

vez son iglesias que tienen ministerios de mujeres y de estudiantes bien definidos y con mucha asistencia, pero luchan por ganar impulso en sus ministerios de hombres.

**3.** La siguiente generación está abandonando la iglesia tradicional. Como escuché de un estudio Barna reciente (y estoy totalmente de acuerdo), estamos viendo un cambio de solo vivir experiencias de adoración a tener relaciones auténticas. La siguiente generación quiere valor y significado... y quieren ser mentoreados.

Esto es un cambio definitivo en las necesidades de las iglesias y los deseos de sus miembros más jóvenes. Al inicio, era sutil pero ahora está ganando impulso. Y la iglesia local se está dando cuenta. Se enfrentan con algunos desafíos difíciles, pero se están dando cuenta que la solución está justo enfrente de ellos... ocupando sus asientos cada semana.

Esto parece ser la combinación correcta de factores externos – líderes estresados, mentores dispuestos y mentoreados hambrientos – para lanzar efectivamente el mentoreo de hombres en grupos pequeños. No pretendo tener todas las respuestas, pero sí creo que la mentoría tiene un papel significativo en moldear el futuro de la iglesia local.

Si quieres pruebas, esto es lo que hemos escuchado de algunos de los hombres conectados a las iglesias que han lanzado grupos pequeños de mentoreo...

"Mentoreo Radical me dio las herramientas que necesitaba para asumir mi responsabilidad de demostrar cómo un padre ama a sus hijos, cómo un esposo ama a su esposa y cómo una familia adora a Dios". – Ray Snyder, Mentor, The Church at "LifePark"

"Este ha sido uno de los ministerios de desarrollo espiritual más significativos que hemos realizado en nuestra iglesia". – Chad Stutzman, pastor del campus, NewPointe Community Church

"Mentoreo Radical es un medio simple, accesible y flexible para formar a los hombres para que sean las personas que Dios quiere que sean... y ¡Los mentores también son transformados!" – Chuck Roberts, pastor de la vida congregacional, Peachtree Presbyterian Church

"Me ha mantenido en contacto con mis miembros y me ha convertido personalmente en más que un pastor, sino en un amigo y mentor para muchos de los hombres de nuestra iglesia". – Hale Bishop, pastor principal, Park Avenue United Methodist Church

"Ha sido increíble ir más profundo en mi corazón como hombre y ver lo que me impide ser abierto y honesto con Dios". – Mentoreado, North Point Community Church

Imagínate una iglesia... tu iglesia... con un grupo de hombres que comprometen sus recursos para el desarrollo de la siguiente generación de líderes... con un grupo de hombres que viven auténticamente con Jesús, que están dispuestos a compartir sus historias con otros... con un grupo de hombres más comprometidos con sus familias, hijos y comunidades.

Entonces, para "dar cierre" a este libro, he hecho un esquema del proceso desarrollado por Mentoreo Radical para alentar y preparar a las iglesias para lanzar la mentoría de grupos pequeños de hombres. La meta no es reemplazar nada de lo que está haciendo tu iglesia... no sé nada acerca de lo que tu iglesia está haciendo por los hombres. Pero sí sé que a la mayoría le gustaría hacerlo mejor. El mentoreo en grupos pequeños puede convertirse en una parte del futuro para ti, para tu ministerio de hombres y para tu iglesia.

# EL PROCESO DE MENTOREO RADICAL EN TU IGLESIA

## I. PREPARAR

"No puedes empezar por resolver adonde te diriges... Primero llevas a bordo del autobús a personas competentes, y sólo entonces piensas adónde ir". – Jim Collins, *Empresas que sobresalen*

### RECLUTA A TU EQUIPO

Según el tamaño de tu iglesia y la complejidad de su ministerio, se necesitarán dos o tres jugadores claves para hacer despegar el mentoreo de grupos pequeños de hombres. En congregaciones grandes, hay un Pastor principal, un Pastor del personal (con un título como "Pastor de hombres" o "Líder de discipulado" o "de la comunidad" o "del área de educación para adultos") y el líder laico indispensable... Nosotros lo llamamos el Mentor principal. En congregaciones más pequeñas, tal vez solo sea el Pastor principal y el Mentor principal. No hay una sola forma correcta de hacer esto, así que no te preocupes mucho por tener alguien en los tres roles. Realmente solo se necesita a una persona, que haya captado la visión del mentoreo, que se levante y lidere la carga.

Sin embargo, aunque no necesariamente necesites que se involucre mucho, tu **Pastor Principal** *tiene* que apoyar el mentoreo, públicamente y en privado, para que pueda ponerse en marcha. Él determina lo que se hace en tu iglesia. A lo largo del tiempo, lo que él apoya recibe atención y recursos. Lo que no apoya se descuida.

Si vas a involucrar a un **Pastor del Personal**, él probablemente será el que encabece este proceso desde el lado de la iglesia. Su trabajo más grande será ayudar al Mentor Principal a conseguir los recursos necesarios y a hacer cualquier contacto necesario. Junto con el Mentor Principal, establecerá el calendario del programa y monitoreará su progreso.

Finalmente, el **Mentor Principal** necesita ser un líder laico que tenga el respeto del personal de la iglesia y los otros hombres en la iglesia. Él servirá como la chispa de arranque para el programa, él será el líder para los otros mentores potenciales... comprometiéndolos e invitándolos a unirse a él en esta nueva aventura.

## EL MENTOR IDEAL

Una vez que hayas asegurado tu equipo y se hayan decidido algunos detalles importantes de tu temporada de mentoreo (fecha de inicio, duración de la temporada, etc.), es hora de identificar e invitar a tus mentores potenciales.

Ninguna decisión es tan importante para mantener y sostener tu ministerio de mentoreo como la elección de tus mentores. Un buen mentor establece el tono de las reuniones, atrae mentoreados de alta calidad y, lo que es más importante, es intencional en cuanto a hacer discípulos.

Entonces, aquí están, las que yo considero, algunas de las cualidades a tener en cuenta al invitar a mentores a ser parte de tu ministerio.

**1. Seguidor de Jesús completamente entregado.** Hombres que han aprendido que amar a Jesús y seguirlo es el secreto y propósito de la vida.

**2. Hacedor de discípulos comprometido.** Hombres que toman en serio la orden de Jesús de "ir a hacer discípulos".

**3. Comprometido con la siguiente generación.** Hombres que se emocionan al compartir lo que han aprendido sobre vivir la vida con varones que están unos pasos detrás de ellos en el camino.

**4. Facilitador versus profesor.** Hombres que tienen la capacidad de hacer preguntas abiertas y alentar el diálogo, no sermonear.

**5. Transparente y vulnerable.** Hombres que son transparentes y vulnerables en cuanto a sus experiencias de vida... lo bueno, lo malo y lo feo con una auto-revelación honesta y humilde.

**6. Dispuesto a establecer y mantener a otros a un estándar más alto.** Hombres que estén dispuestos a establecer y mantener altas expectativas. El crecimiento ocurre debido a la consistencia y el compromiso del grupo.

Estas cualidades se resumen de la mejor forma en las dos preguntas a continuación...

- Si tuvieras un hijo de 30 años buscando un mentor, ¿A quién recomendarías?
- Si tuvieras un número ilimitado de ancianos en tu iglesia, ¿A quienes quisieras para esos roles?

Un comentario final. Tus mentores potenciales deben ser involucrados por "invitación únicamente". Ya sea que los estés invitando a una reunión especial o si estás planificando reuniones individuales, quieres enfatizar la importancia de esta iniciativa. Dos cosas sencillas que te ayudarán a hacer esto . . .

- "Tú has sido seleccionado" – los hombres acudirán al llamado y prestarán atención cuando han sido *elegidos* para roles de liderazgo significativos.
- La firma del Pastor Principal – cuando la invitación es personal y proviene del pastor, comunica que este esfuerzo es especial e importante.

## II. EQUIPAR

Una vez que hayas invitado a tus mentores potenciales y les hayas dado unos días para orar sobre su decisión, estarás listo para comenzar a entrenarlos. No hay un estándar para entrenar a tus mentores... He visto a iglesias entrenar en 6 semanas, 2 semanas, e incluso en 2 horas. Mientras consideras a los hombres que has invitado a formar parte de tu ministerio de mentoreo, sabrás lo que es necesario para ese grupo. Durante tu entrenamiento, el objetivo es ayudar a tus mentores a descubrir el amor incondicional de Dios para con ellos y el valor de vivir una vida completamente entregada a Él. Dado que no puedes compartir lo que no tienes, una gran parte del entrenamiento de mentores es ayudar a tus mentores a tener claridad sobre su fe, su historia de fe y su "llamado" a invertir en los demás.

Toda iglesia es diferente y todo grupo de mentores es diferente, pero después de ver una variedad de iglesias hacerlo de varias formas diferentes, creo que hay dos cosas que sí se deben cubrir en el entrenamiento.

### COMPONENTES DEL MENTOREO RADICAL

El primero es la estructura y los componentes de una sesión típica de Mentoreo Radical. Para evitar que esto se convierta en una fuente de angustia y confusión, tus mentores necesitan saber qué se espera de ellos y de sus mentoreados. Hay una gran sensación de alivio cuando tus mentores se dan cuenta de que los recursos han sido probados y que toda la información ya está preparada de antemano para ellos.

Cada sesión de mentoreo incluye y se construye alrededor de 5 componentes:

1. Lectura del libro y hacer el resumen
2. Escrituras para memorizar
3. Tareas relacionales y personales para realizar
4. Comunidad el uno con el otro
5. Oración con nuestro Padre Celestial

Puede ser de beneficio hacer una sesión simulada, ya que quieres que tus mentores entiendan el ritmo y tono de una reunión típica. Es posible que incluso quieras asignarles una tarea.

## HISTORIAS DE FE

La otra cosa importante que debes cubrir con tus mentores es cómo compartir sus historias de fe. Joe Ehrmann, autor de *Inside Out Coaching* ("Entrenamiento de Adentro Hacia Afuera") dice que no podemos ayudar a nadie con sus vidas hasta que tengamos una narrativa coherente de la nuestra. Por esa razón, los mejores mentores son aquellos que cuentan sus historias de fe de la manera más abierta, honesta y útil.

Cuando tus mentores comparten sus historias, están modelando lo que quieren que sus mentoreados hagan. Como tal, la trayectoria de tus grupos será determinada por la transparencia con la que tus mentores comparten sus historias y cuánto han rendido sus vidas a Jesús. Los peores mentores trabajan duro para demostrar una apariencia limpia y reluciente a expensas de ser reales.

Recientemente, escuchamos de un Pastor Principal en una iglesia de rápido crecimiento en Carolina del Sur. Cuando reflexionaba sobre las historias que se compartieron en un retiro, estaba asombrado por la transparencia de los hombres de su grupo. De hecho, estaba tan impresionado que volvió y les contó nuevamente su historia... toda por completo. Como dice uno de los amigos de Regi: "La transparencia es contarle a alguien lo que te está pasando. La vulnerabilidad es darles las balas que podrían matarte". Para este pastor, compartir su historia con miembros de su iglesia fue arriesgado, y aún así lo describió como "uno de los días más significativos en la historia de su ministerio". Y después de oír acerca de los resultados en su grupo, ese día no fue solamente significativo para él, fue monumental para todo el grupo ya que estableció las bases para el resto de su temporada de mentoría.

# III. CONECTAR

Después de que hayas entrenado a tus mentores, o incluso mientras los estás entrenando, puedes empezar el proceso de identificar e invitar a tus mentoreados y formar tus grupos.

## IDENTIFICAR E INVITAR A MENTOREADOS

Los dos aspectos más importantes de esta parte del proceso son identificar claramente el perfil de los hombres que quieres invitar a aplicar y cuando los invites, establecer expectativas muy claras en cuanto al compromiso que están haciendo.

Querrás comenzar estableciendo el perfil de los hombres que deseas que sean mentoreados. Sabiendo que todas las iglesias son diferentes, no existe un perfil estándar a adoptar. A continuación, hay un perfil de muestra que Regi ha usado para sus grupos por los últimos 15 años...

- Hombres casados de entre 25 y 35 años
- Si son padres, hijos menores de 10 años
- Hombres objetivos: hombres que estén dispuestos a recibir comentarios directos y profundos sin ponerse a la defensiva; estar dispuestos a mirarse en el espejo y hacer cambios para mejorar
- Hombres humildes y quebrantados; hambrientos de crecimiento personal
- Un compromiso apasionado con el Señor Jesucristo
- Estar dispuesto a participar en la "cadena de favores" y ser mentor de otros varones en el futuro

Una vez que el perfil ideal haya sido establecido, puedes comenzar a identificar a los hombres que quieres invitar a postularse para ser parte del Mentoreo Radical. Al igual que la carta que enviaste a tus mentores, cuando es firmada por tu Pastor Principal, tu Mentor Principal y/o tu Pastor del Personal se vuelve increíblemente convincente. No los estás invitando a asistir a algo... los estás invitando a *ser parte de algo* para lo que la iglesia cree que están especialmente calificados.

Me arriesgo a sonar poco eclesiástico, de verdad quieres que esto se sienta como un grupo exclusivo, solo con invitación, porque... lo es. Cuando los invites, también querrás establecer claramente los requisitos del grupo, el pacto requerido y el apoyo requerido de su esposa. Quieres darles a los postulantes la oportunidad de decidir bien y si su respuesta es no, se crearán espacios para otros varones que sí los ocuparán.

Cuando estés listo, envía todas las cartas que puedas, espera las aplicaciones y ora. Pídele a Dios que te guíe a los hombres que Él quiere que formen parte de esto.

## FORMANDO TUS GRUPOS

He visto iglesias manejar esto de diferentes maneras. Algunos organizan un reclutamiento en el que cada mentor clasifica a los postulantes del primero al último... Al igual que te prepararías para reclutar jugadores de las ligas menores. Luego escogen los grupos. Otros permiten que los mentores inviten a quienes ellos seleccionaron personalmente a postularse para sus grupos. Algunos dejan que el Mentor Principal y el Pastor del Personal formen los grupos basados en la ubicación, la edad, el trabajo, etc. Todo esto puede funcionar, lo único que recomiendo absolutamente es que no se mezclen hombres casados con hombres solteros. También, ten en cuenta que el agrupar experiencias y etapas de vida similares acelerará la formación de vínculos y durante el intercambio de historias creará un impulso.

# IV. LANZAR

En este punto, te estás acercando a la meta. Pero hay algunos elementos logísticos importantes que ayudarán a que tu primera temporada de mentoría sea un éxito.

## SELECCIONAR TU CONTENIDO

El contenido de cada reunión mensual de Mentoreo Radical está centrado en un tema. Todos los temas están basados en asuntos importantes en la vida de un hombre: la oración, la identidad, el matrimonio, etc. Como ya has escuchado, junto con cada tema hay un libro relacionado para leer, 1-2 Escrituras relevantes para memorizar y tareas relacionales.

Antes de que puedas lanzar a tus mentores, necesitas darles una pista sobre la cuál correr... necesitas escoger los temas que quieres que cubran, al igual que los libros y las Escrituras para aprender (nuestro sitio web será una herramienta importante para esto... tenemos una pista recomendada y una pista que se puede personalizar, al igual que recomendaciones de libros y Escrituras, tareas relacionales y todos los documentos correspondientes que necesitarás).

Una vez que hayas tomado tus últimas decisiones, sugiero crear una carpeta para tus mentores que contenga todo lo que necesitarán para cada reunión mensual (nuevamente, mira el sitio web). Cuanto más sencillo puedas hacer este proceso para tus mentores, mejor será para ellos.

Una palabra de recomendación mientras haces esto... resiste la tentación de llevar el Mentoreo Radical en una dirección teológica. La mayoría de los hombres "de iglesia" han sido expuestos a mucha más teología de la que jamás aplicarán. La mentoría se trata de *teología aplicada*. Se trata de vivir con y a través de nuestro Dios Viviente.

Por último, no olvides orar. Deja que Dios te guíe sobre qué contenido usar.

## TU LANZAMIENTO Y PRIMERA REUNIÓN

Cuando estés listo para iniciar, reunirás a todos tus mentores y mentoreados para una Reunión de Lanzamiento. Este evento de celebración debe ser organizado para adaptarse a la manera en que celebran los eventos en tu iglesia. Si eso es un tiempo de adoración, un asado, una comida donde todos colaboran, pizza, lo que sea. Deja que la cultura de tu iglesia y tu presupuesto te guíen.

El propósito de esta reunión es simple. El Pastor del Personal o el Mentor Principal dará la visión para la temporada de mentoreo y luego cada grupo se reunirá por primera vez. Durante ese tiempo cada grupo realizará cinco cosas: 1) se presentarán, 2) coordinarán calendarios, 3) establecerán expectativas, 4) explicarán cómo funcionan las tareas asignadas y entregarán las primeras y 5) orarán juntos.

Después de eso, la siguiente vez que tus grupos se reúnan será en las casas de sus mentores para su Primera Reunión. La Primera Reunión servirá como la primera sesión normal de la temporada de mentoreo. Siguiendo el formato típico de reunión... reagruparse, memorizar la Escritura, dialogar sobre la tarea y sobre el libro. La única diferencia esa noche es que, en adición a esas cosas, el mentor compartirá su historia de fe completa. Solo eso hace que esta sea una de las reuniones más importantes que cada grupo tendrá durante todo el año.

## RETIRO DE HISTORIAS

Después de que cada grupo se haya reunido una vez, irán juntos en un Retiro de Historias. Idealmente, este es un fin de semana completo, pero se puede hacer como una noche o incluso un "Domingo de historias". Lo mejor es salir de la ciudad si es posible... casi siempre, alguien en el grupo tendrá acceso a una casa en la playa, lago o montañas. El propósito del retiro es crear una atmósfera en donde cada grupo pueda "escaparse" y formar un vínculo mientras cada mentoreado comparte su historia *completa*. Sus mentores modelaron transparencia y vulnerabilidad en la Primera Reunión, ahora es el turno de los mentoreados de hacer lo mismo.

## SESIONES MENSUALES

Después del Retiro de Historias, los grupos continuarán reuniéndose una vez al mes durante la temporada de mentoreo. Estas reuniones serán en la casa del mentor y cubrirán el tema específico de ese mes en relación con los cinco componentes de la reunión mencionados anteriormente (el libro, la Escritura, tareas relacionales, comunidad y oración).

Entre cada reunión, los mentoreados (y el mentor) tendrán tareas para completar y un compañero de crecimiento con quién reunirse antes de la siguiente sesión. También se recomienda que el mentor se conecte uno a uno con cada mentoreado en algún momento de la temporada de mentoría... cuanto antes mejor. Este puede ser un tiempo importante para que el mentor profundice un poco más y el mentoreado se sienta cómodo haciendo preguntas que quizás no haría en el entorno del grupo.

## RETIRO DE GRADUACIÓN

La última cosa que cada grupo hará juntos es su Retiro de Graduación. Al igual que el Retiro de historias, es mejor hacerlo como un fin de semana completo, pero se puede lograr como una sola noche o un día entero. Este retiro sirve como punto culminante de la temporada de mentoreo... es una última oportunidad para reunirse y reflexionar sobre todo lo que ha sucedido en el transcurso de la temporada. Sucederán tres cosas en el Retiro de graduación. Cada mentor facilitará la última sesión regular de su grupo. Cada persona en el grupo hará el ejercicio de la Carta a Dios... que ha demostrado ser un momento catalizador para muchos mentoreados a lo largo de los años. Y finalmente, el mentor "enviará a su grupo". Hemos brindado un par de ideas para esto, pero es muy importante que el mentor lo haga de una manera que sea significativa para él y para su grupo.

## UN ÚLTIMO PENSAMIENTO

El compromiso que tú y estos mentores hacen para liderar a los grupos de Mentoreo Radical hacia el futuro... eso es lo que sostendrá el mentoreo/el hacer discípulos en tu iglesia. "Envíame al maestro... los alumnos aparecerán" tiene algún mérito.

Finalmente, ten en cuenta que en verdad Dios es el mentor aquí. Depende de ti y de los otros mentores dar el mejor esfuerzo, pero solo Dios produce un cambio de vida. Puede que inviertas en estos varones y no veas fruto de inmediato. Pero al pasar el tiempo, la Palabra de Dios y Su obra nunca regresan vacías. Confía en Él y continúa haciendo lo que Él te ordenó. "¡Vayan... y hagan discípulos!"

De hecho, una última cosa. Mencioné nuestro sitio web anteriormente, todo lo que he hablado aquí y mucho de lo que habló Regi en el libro está disponible en nuestro sitio web para que lo utilices... **gratis**.

¿Cómo es posible eso? Mentoreo Radical es financiado por aquellos que han sido impactados por el ministerio. Contamos con el apoyo de un grupo de donantes e iglesias que creen en el mentoreo de grupos pequeños y el impacto que está teniendo. La mayoría de ellos han visto el impacto de primera mano en sus vidas y una de las maneras en que "devuelven el favor" es apoyándonos.

Pero de verdad. Agendas, folletos, cronogramas, instructivos, carpetas, videos, plantillas de correo electrónico, lo que sea. Todo está ahí para ti... para ayudarte en cada paso del camino. Por favor, aprovéchalo.

Visita **radicalmentoring.com** para iniciar.

**ꭑradicalmentoring**

# ACERCA DEL AUTOR

Regi Campbell es un inversionista experimentado y emprendedor por oficio. Ha estado involucrado en la fundación de 15 compañías, sirviendo como CEO en cuatro ocasiones.

Regi ha escrito tres libros: *En los Negocios de Mi Padre, Mentorea como Jesús y What Radical Husbands Do* ("Lo que hacen los esposos radicales").

La verdadera pasión de Regi es ser mentor de hombres más jóvenes. Lo ha hecho de manera informal durante más de 20 años y de manera más formal durante los últimos 15 años. En 2007, Regi fundó "Radical Mentoring" (Mentoreo Radical) para ayudar a animar y equipar a mentores e iglesias para lanzar grupos y programas de mentoreo.

Regi vive actualmente con su esposa Miriam en Atlanta, Georgia. Ellos asisten a North Point Community Church, en donde Regi ha servido como anciano y como miembro del equipo de planificación a largo plazo.

# NOTAS

1.  John Piper, No desperdicies tu vida (*Don't Waste Your Life*) (Wheaton, IL: Crossway Books, 2003), 45-46.

2.  Owen W. Linzmayer, *Apple Confidential: The Real Story of Apple Computer* (San Francisco, CA: No Startch Press, 1999), 122.

3.  Jim Collins citando a Peter Drucker, archivefortune.com/magazines/fortune/fortune_archive/2005/03/21/8254830/index.htm

4.  John MacArthur, *Doce Hombres Comunes y Corrientes (Twelve Ordinary Men)* (Nashville, TN: Thomas Nelson, 1985), 78.

5.  Charles Stanley, *Cómo Escuchar la voz de Dios (How to Listen to God)* (Nashville, TN: W Publishing Group, 2002), 49-54.

6.  John Piper, *No Desperdicies Tu Vida (Don't Waste Your Life)* (Wheaton, IL: Crossway Books, 2003), 31.

7.  John Eldredge, La travesía del corazón salvaje, *(The Way of the Wild Heart)* (Nashville, TN: Thomas Nelson, 2006), 60.

8.  en.wikipedia.org/wiki/Pay_it_forward

www.ingramcontent.com/pod-product-compliance
Lightning Source LLC
LaVergne TN
LVHW051404080426
835508LV00022B/2974

* 9 7 8 0 9 9 1 6 0 7 4 4 0 *